U0915756

Smart Cities, Smart Future

Showcasing Tomorrow

智慧城市之美

设计思维与规划实践

[美]迈克·巴洛（MIKE BARLOW）
[美]柯尼利亚·利维-班切顿（CORNELIA LÉVY-BENCHETON） 著

李鹰 译

人民邮电出版社
北京

图书在版编目（CIP）数据

智慧城市之美 ：设计思维与规划实践 / （美）迈克
•巴洛，（美）柯尼利亚•利维-班切顿著 ；李鹰译. --
北京 ：人民邮电出版社，2020.4
ISBN 978-7-115-53145-2

Ⅰ. ①智… Ⅱ. ①迈… ②柯… ③李… Ⅲ. ①现代化
城市－城市建设－研究 Ⅳ. ①C912.81

中国版本图书馆CIP数据核字(2020)第010304号

版权声明

MIKE BARLOW,CORNELIA LÉVY-BENCHETON.
Smart Cities, Smart Future: Showcasing Tomorrow.
ISBN: 9781119516187
Copyright ©2019 by John Wiley & Sons, Inc. All rights reserved.
This translation published under license.
Authorized translation from the English language edition published by Wiley Publishing, Inc..
Copies of this book sold without a Wiley sticker on the cover are unauthorized and illegal.
本书中文简体字版由 John Wiley & Sons Inc 公司授权人民邮电出版社有限公司，专有版权属于人民邮电出版社有限公司。本书封底贴有 Wiley 防伪标签，无标签者不得销售。

内容提要

本书从以人为本的角度诠释智慧城市的规划与建设，前几章主要介绍人们如何利用技术建设智慧城市，而非描述技术本身。人们普遍认为技术会为城市居民的生活产生越来越重要的影响，但同时也带来了很多挑战，本书将首先探讨并回答与智慧城市建设相关的一些重大问题；然后描述不同规模和不同复杂度的智慧城市项目，以及为何智慧城市是“系统中的系统”；还将介绍一些重要概念，比如交互操作性、开放式标准、弹性和持续改进，以及智慧小镇、智慧县区、智慧城市和智慧国度。

本书适合希望了解更多的关于全球智慧城市发展的人阅读，包括高等院校师生、研究机构工作人员、首席信息官、技术经理、技术供应商、城市规划部门、房地产开发商等，以及每一位在城市和非城市里生活的读者。

著 [美]迈克•巴洛（MIKE BARLOW）
[美]柯尼利亚•利维-班切顿（CORNELIA LÉVY-BENCHETON）
译 李 鹰
责任编辑 李 强
责任印制 彭志环
人民邮电出版社出版发行 北京市丰台区成寿寺路 11 号
邮编 100164 电子邮件 315@ptpress.com.cn
网址 http://www.ptpress.com.cn
大厂聚鑫印刷有限责任公司印刷

开本：720×960 1/16
印张：12.75 2020 年 4 月第 1 版
字数：148 千字 2020 年 4 月河北第 1 次印刷
著作权合同登记号 图字：01-2019-2708 号

定价：78.00 元

读者服务热线：(010)81055493 印装质量热线：(010)81055316
反盗版热线：(010)81055315
广告经营许可证：京东工商广登字 20170147 号

谨以此书献给 Janine、Paul 和 Elliot

致　谢

《智慧城市之美：设计思维与规划实践》这本书对全球范围内人们的生活正在迅速改变的现象进行了解释。这本书既是我们研究成果的精华，又为我们一瞥这颗“星球”的未来打开了一扇窗。

附录部分有一张对理解智慧城市概念必不可少的术语表，以及一份为全球智慧城市建设做出突出贡献的重要会议和实力组织的名单。

智慧城市是一个复杂的概念，融合了可以互联互通互操作的各种技术、系统和服务，通过科学的规划和精心的安排，帮助人们过上富裕、充实、安全和幸福的生活。

没有哪两个智慧城市会一模一样，也没有人能肯定、确切地说出“智慧城市”这个词语的含义。很明显，智慧城市建设依然处于进行时，目前尚不具备标准的定义和普适的模型。

无论如何，我们还是尽了自己最大的努力去抓住并向读者传达智慧城市建设的深远意义和丰富内涵，同时尽可能讲清楚智慧城市建设在社会变革中的潜力。

在这个话题上我们采纳了“以人为本”的原则，力图阐明智慧城市建设项目对全球各国人民，尤其是生活在城市的人民会产生什么影响。本书提到的在建项目分别位于北美、欧洲、亚洲和中东。

在本书各章节的描述中，我们更感兴趣的是人而不是技术。书中描绘的智慧公民，他们的生活因各种智慧城市建设项目、倡议和计划而改变，都是真人真事。在即将出现的新世界里，我们每一个人都会与各种各样的智能设备、车辆、建筑和系统建立永不中断的联系。了解如何在这样一个世界里生存，本书是一个很好的参考。

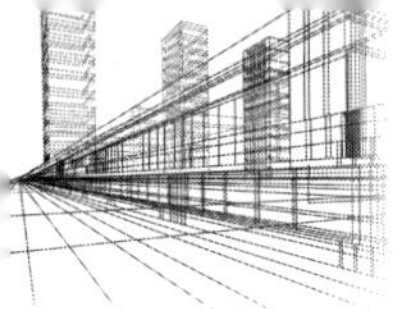

这本书的内容既有新闻报道，又有学术研究。我们不仅开展了极为详尽的研究，还采访了这个领域的数十位专家和积极参与者。本书的末尾附上了接受过我们详细采访的几位人士的简介，并将他们说过的话直接引用到本书中，没有任何改动。

以下所列人士为本书贡献了宝贵的知识、时间和精力，在此我郑重地表示感谢：Hannes Astok、Xabier E. Barandiaran、Jeffrey J. Blatt、Francesca Bria、Boyd Cohen、Di-Ann Eisnor、Andrew Guthrie Ferguson、Christina Franken、Pete Herzog、Mike Holland、Kevin Fan Hsu、Jerry MacArthur Hultin、Jon Jennings、Ariel Kennan、Matthew Klein、Martin Kõiva、Alan Leidner、I-Ping Li、Josh Lieberman、Amen Ra Mashariki、Dale W. Meyerrose、Chris Moschovitis、Emma Mulqueeny、Joseph Okpaku、Gala Pin、Jake Porway、Vijay Raja、Jennifer Robinson、Jennifer Sanders、Eytan Schwartz、Leah Shahum、Zohar Sharon、Dave Shuman、Lisa Smith、Kirk Steudle、Linnar Viik、James Von Klemperer。

另外，还要感谢 Morey Altman、Edith Barlow、Michael Batty、Dominique Bonte、Laura Brumley、Barry Coflan、Pilar Conesa、Joe Cortright、Kate Daly、Robby Demming、Luc De Rooms、Leila Dillon、Lisa Faison、Paul Feiner、Gordon Feller、Ari Gesher、Julie Kerr、Meeli Kõiva、Erin Kuller、Michael Lake、Julia Ingrid Lane、Richard Laudor、Mike Loukides、Areti Markopoulou、Alex Mateo、Roger Millar、Cathy O'Neil、Paula Paige、Edna Pasher、Jonathan Reichental、Natalia Rivas、Euan Semple、Sapan Shah、Sameer Sharma、Ian Slesser、Richard Soley、Debbe Stern、Kirk Steudle、Judith Urbano、Melinda Venable、Noreen Whysel、Miriam Young、Diana Zitnay，他们为本书提供了很多中肯的建议和反馈，也给予我们很大的帮助。

需要特别感谢的是来自“蜂联智慧城市”（Bee Smart City）的三位好

朋友：Thomas Müller、Bart Gorynski 和 Alexander Gelsin，感谢他们为我们讲述智慧城市演变和发展的各个阶段。

此外还要感谢本书的编辑 Sheck Cho 和他的助理 Michael Henton 在成书过程中给予的指导和支持。

在撰写本书时，我们始终把读者放在心上，也希望大家能在阅读的过程中收获知识、进步和快乐。最后祝愿大家开心！健康！长寿！

作者简介

Mike Barlow 是一位屡获殊荣的记者和高产作家，也是一名企业战略顾问。他著有《学会爱上数据科学》(*Learning to Love Data Science*)、《企业社交媒体策略实用指南》(*The Executive's Guide to Enterprise Social Media Strategy*)(合著)和《CIO 合作之道》(*Partnering with the CIO*)(合著)等书；在人工智能、机器学习、智慧城市、边缘计算、持续监控、实时数据分析、数字转型和 IT 基础设施等领域也发表过多篇论文、报告和白皮书。

与此同时，他还担任《新闻期刊》(*The Journal News*)和《斯坦福倡导者报》(*Stamford Advocate*)等数家都市类报纸的记者和编辑；此外也常常在《洛杉矶时报》(*The Los Angeles Times*)、《芝加哥论坛报》(*Chicago Tribune*)、《迈阿密先驱报》(*Miami Herald*)、《新闻日报》(*Newsday*)和其他重量级报纸上发表文章。他毕业于汉密尔顿学院，持有私人飞行执照，热爱读书和冰上曲棍球。

Cornelia Lévy-Bencheton 是一名传播战略顾问兼撰稿人，尤其擅长利用数据提高营销和决策水平，帮助公司在时代的变化大潮中占据优势地位。她目前是 CLB 战略咨询公司（CLB Strategic Consulting）的负责人，主要研究颠覆性技术带来的影响及其在文化方面存在的挑战，这些挑战带来了新的机遇，但为了应对它们，也必须采取新的对策。

她写过书，担任过专业理财经理，曾在美国、法国和瑞士工作过；她在欧莱利出版社（O'Reilly Media）出版的报告一直在该公司的电子书下载排行榜上位居前列；她也曾参加被誉为智慧城市博览会开山之展的“2017 纽约智慧城市博览会”的组织工作。

Lévy-Bencheton 是“金融妇女协会”（Financial Women's Association）

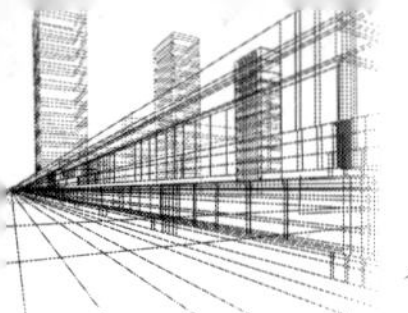

理事会的战略推广和传播委员会（Strategic Marketing and Communications Committee）主席兼新兴技术委员会（Emerging Technologies Committee）联合主席，该组织中 1000 多名成员的共同目标是通过计划、指导、多样化和教育等帮助扩大金融界从业女性的权力。

此外，她也是“数据仓库学会”（Data Warehouse Institute）的理事会成员，该学会成员遍布全球，致力于在商业情报、预测分析、大数据、区块链、物联网和其他新技术领域利用论坛、会议、期刊和研究等形式分享有深度、高质量的研究成果。

Lévy-Bencheton 拥有斯坦福大学的硕士学位、佩斯大学的 MBA 学位和纽约大学的高级专业证书。

序

本书中，Mike Barlow 和 Cornelia Lévy-Bencheton 两位作者将无数的观点、想法、技术和梦想进行了提炼总结，充分地向我们展示了城市未来的样子。撰写本书所依托的资料虽然大都是现成的，但他们展开的分析、总结和描述对我们所有人都具有重要的参考意义。

所以，我们需要这本书。

未来 20 年里，全球将有 70% 的人口居住在城市，指数级的增长速度令人震惊。智慧城市不光是一场运动——它是未来的化身，是人类“共同”营造的精神家园。政府、公民、企业、学者……都要携起手来，齐心协力，方可众志成城。

我们可以重新设想未来的城市和生活，它会更平等、更公正、更长久，或者简单来讲，更幸福。我们需要从“现在”做起，务必让快速涌现的新技术为我们所用，确保各级政府履职尽责，提高全体公民的生活品质。

变化是翻天覆地的，肯定会让人不舒服。公民会对政务透明度、服务水平和生活品质提出更高的要求。他们也将享受到的服务与邻城甚至全球范围内的服务水平放在一起进行对比。

如今，信任的缺乏依然是实现合作共赢最大的阻碍之一。每个人、每个组织都有自己的想法和计划，我们也知道，对于信任，不要说是跨越国界，仅是跳出自己的圈子都有很多困难。

但是，那些革命性技术最厉害的地方正是能在去中心化的网络中帮助人们建立起信任。我们也知道，让人们去做不符合共同利益的事会更难。一旦信任不成问题，专注自身目标的实现就不再是问题，而且这种程度的合作前所未有，必将成为规划和共建智慧城市的强大力量。

人类的文化正在改变，而技术在其中起着辅助作用。关键问题是，我们会用什么方法帮助城市和公民提高生活品质，又会用什么方法鼓励更多的公民参与其中，才能让我们更加清楚生活品质的内涵和标准？这才是真正重要的事。

政府、私营企业和公民需要携手共同打造这些平台，向所有人提供去中心化可分布的实用的经验、扩展服务及工具。“摆在我们面前的工作很不容易，适应起来需要付出极大的努力。”

作为一名企业家、城市学者，也是一名投资者，本书中这些已经萌芽的平台使我深受启发。它们为公民发声，当好公民助手，重视公民体验，树立以人为本的设计理念。特拉维夫的创新型公民信息平台 DigiTel，正是技术以人为本的绝佳范例，我们需要的就是这样的技术。DigiTel 的目标是帮助人们更多地参与城市的各项事务，巩固和加深居民与城市之间的情感联系。

作为一个梦想家，翻开第一页的时候，我就知道会爱上这本书。我不会去想《银翼杀手》，只会去想香巴拉。只有想不到的，没有做不到的。我对本书每一章的内容都深以为然，尤其是本书的开头：

> 听说过黄金城、亚特兰蒂斯、香巴拉、阿瓦隆、仙乐都和香格里拉这些名字吗？它们让我们如此魂牵梦萦，虽然只是传说，但是滋养了我们的想象力，激发了我们的好奇心，使我们对未来充满希冀……本书将从以人为本的角度诠释智慧城市……这是一本写给梦想家和有远见之人的书，希望读者与我们共同畅游梦境，构想我们的后代将居于其间的未来世界。

而作为一名科技工作者，我也知道，未来的城市体系将以数据为桥梁，富有远见性，也会更有效率，更透明。但我自觉重任在肩，一定要把技术运用好，保证技术服务于人，而且由人来决定技术的方向。

9年前在美国市场推出 Waze 的时候，我低估了我们会给人们的出行带来的影响，当然最终也包括给城市的运转带来什么样的影响。2012 年一个星期五的晚上，也是超级风暴“桑迪”肆虐期间，我接到了白宫打来的一通电话。纽约的史坦顿岛当时正面临能源短缺的情况，车主们要排三四个小时的队才能加上油，因此，政府请我们帮助收集相关数据。于是我们第一次向该区域的所有 Waze 用户推送了通知，请他们协助提交相关信息。例如，哪些加油站有电，哪些加油站还有油，以及等候的队伍有多长等。

截至次日，我们收到了几千条回复，美国联邦应急管理署（FEMA）得以分析出应该往何处派遣运油车。这件事从根本上改变了我对自己工作的看法。公司也因此启动了“Waze 公民互联计划”（Waze Connected Citizens），使 Waze 能够向城市管理有关部门分享事件、交通、活动和建设等方面的数据。

从那之后，与我们合作的城市超过了 650 个，我们帮助它们将数据当作基础设施来使用。我们的数据得以广泛应用：缩短紧急事件的响应时间（例如，美国有 70% 的车祸首先通过 Waze 上报，然后才拨打“911”）；解决居民遇到的难题（例如，路面有坑或是限速变化）；更新垃圾管理和积雪清理的道路信息，以及减少交通拥堵。通过几百万用户的眼睛，Waze 也从一款交通 App 变成了交通和出行领域的应急小能手。

Waze 最成功的一次运用应该是 2016 年的里约奥运会。赛事举办的区域本就极其拥堵，除此之外，还要接待上百万的游客。我们为此专门安排了一支队伍，Waze 的员工、地图标注爱好者、市政官员和公民协同工作，以尽可能快的速度收集并共享数据。他们的配合卓有成效，里约奥运会的成功经验现在也推广到了其他城市，方便这些城市取长补短。

我们并未止步于此，我们的“Waze 公民互联计划”在全球有几百个合

作伙伴，其中包括市级、省级甚至国家级的各级政府、非营利机构以及紧急救援组织。这个计划的软件代码已经放在 GitHub 和其他开放平台上供世界各国、各城市下载使用。

我们本来只是做试验，但随着不断学习和迭代，随着操作工具和透明度的完善，城市变成了充满活力的实验室，这样的感觉真好。

在此基础上，我们开始在谷歌“Area 120”孵化全新的城市应用系统。它们遵循的部分原则如下。

- 技术能使文化以其独特的方式繁荣起来。
- 技术应当消除不必要的纠纷，让人们全心全意关注生活品质。
- 技术必须与道德、哲学和社会共同发展。
- 技术是了解每一位公民的需求、想法和意见的最佳办法。

我认为这是朝着城市的自我意识迈出的一步。自我意识是一种在已知的基础上继续学习、反思和行动的过程，通过不断适应来取得更大的进步。城市是一个有生命的有机体，知道怎么适应新增加的每一位公民、新发生的每一起事件、新到访的每一位游客和新推出的每一项政策。

技术服务于社会，推动城市自我意识的发展。自我意识也是社区内每一个人的生存基石。我们会犯错，会丢掉那些听起来不错也得到大多数人支持的想法。但我们也会迭代，会学习。

自我意识属于目标最坚定的人。我们希望进步，也希望自己有洞察力，能认识到我们在这个世界所处的位置。这一切可以通过合适的城市技术平台和规划来实现。

现有的技术，包括机器人、人工智能、区块链甚至自动驾驶汽车，都可以从根本上改变社会的面貌。但是，在智慧城市的建设过程中，技术的运用必须经过深思熟虑，以负责任的方式来应用推广。很多问题，例如，区块链世界的隐私、人工智能的偏见、机器人时代的公平经济发展、空间的利用，以及其他一些重大政策的制定，我们都要处理好。

这项工作的目标是通过一种有活力、有适应能力、有益于人类的全新城市体系合理地利用技术来造福我们的文化和社会。

我是在西班牙巴塞罗那读的这本书的手稿，这座城市因为广泛而深入地支持公民参与公共事务在本书中被多次提及。

我还参观过两位作者提到的几个项目和地方，也很受鼓舞。人们利用技术来打造每个人都用得上的工具，例如，西班牙加泰罗尼亚高等建筑研究院，他们用 3D 打印技术把当地的泥土做成了“砖”，还制作出供居民使用的传感器组件。

本书是我的行动集结号，让我们开始吧！

谷歌“Area 120”孵化器主管

Di-Ann Eisnor

前　言

Thomas Müller

“蜂联智慧城市”联合创始人兼管理合伙人

什么是智慧城市？在变幻莫测的外部环境中，这个术语本身就是一个相当棘手的概念，它的大部分内涵都与技术和数据科学相关。

技术和数据科学毫无疑问都是重要推手，但最终结果如何，更多地取决于人们怎么运用它们，而非取决于二者本身。在实验室里起作用的东西不一定能满足实际要求。

最智慧的智慧城市解决方案往往会针对某座城市或社区的特定群体，使公民及用户直接参与其中，以得到立竿见影的效果。建设智慧城市离不开持之以恒的努力，要研究，要规划，要实施，要普及，要反馈，要迭代，还要不断改进。

智慧城市能帮助人们思考和构建能够让这个“我们称之为家的地方”更加美好的解决方案。智慧城市能创造足够的条件，提供足够的资源让居于其中的人们找到幸福、实现理想和快速成长。

这个过程不可能只靠自上而下的推动，只有人们齐心协力，才能实现共同目标。换句话说，要依靠集体的力量。

Boyd Cohen 是一位科研人员兼作家，同时也是一位有远见的企业家，他向我们描绘了建设智慧城市的三个层次，也称三大阶段。

智慧城市 1.0：技术驱动。

智慧城市 2.0：技术推动，城市主导。

智慧城市 3.0：公民共创。

智慧城市不会一成不变。它们会遵循不同的演化路径，也都有自己的发展节奏。最智慧的智慧城市已发展到第三个层次，由公民来共同制定对他们真正重要的解决方案，不再以依赖供应商或顾问为主。

促进协作的发动机

智慧城市是一个由人、程序和解决方案构成的生态系统。智慧城市的成功实现最重要的驱动力是共同的努力——每一个个体为共同目标采取的行动的总和。

作为能促进协作的发动机，智慧城市会发挥非常真实也非常具体的作用。按照软件行业的说法，智慧城市就是平台，是把不同的个体、不同的团体、不同的机关和不同的企业汇聚在一起的中心。

世界各地都已经意识到建设智慧城市的好处。“智慧城市”这个词最初只是一种时髦的口号，是科技巨头们不加区别随意使用的广告词。而如今，智慧城市已经成为全球范围内一种热度不退的现象。

专注于人

我们非常高兴地看到，在智慧城市解决方案的制订过程中，为鼓励公民和其他利益相关者参与研究、试验和产出等阶段的工作而树立的“以人为本”的指导思想已经得到了广泛的施行。

这种指导思想非常必要，随便推出一项新的市政服务就想让人们信服是远远不够的，他们需要了解这些服务如何才能帮到他们。

对于如何实现创新和共建，智慧城市倾向于用自下而上的方法。新出现的“智慧活动家”角色也很受认同和赞赏，担当此角色的个体公民往往是在自愿的基础上积极推动和支持智慧城市的各种计划。

智慧活动家们有才华，有干劲，有经验，能在智慧城市建设中发挥重要作用，他们当中有的以个人身份出面，有的组成团队合作。为了解决所在城市或社区的具体问题，他们有时也会推动成立某种利益相关者联盟或在其中作为牵头人。这是一种全新的，令人赞叹不已的公民活动的形式。

此外，智慧活动家实际上也是具备集体智慧和知识的宝贵力量。他们的决心、热情和自豪感为智慧城市建设带来了活力，使这项事业能够延续下去。

克服阻碍

如果建设智慧城市不会遇到问题那该多好，但这种想法显然不切实际。粗心大意的人们总会遇上很多障碍和陷阱。有些城市会倾向于通过技术手段快速搞定，而不是利用公民的集体力量来找出、梳理和解决问题。

随着人们越来越了解持续监控必然会带来的风险，数据所有权、隐私和安全性将成为他们面临的主要问题。人们必须认真对待这些问题，不能像对待垃圾一样简单地扫到地毯下或者踢到路上。智慧城市毫无疑问会处于对数据采集和数据使用问题发动战役的最前线。

人们谈论新技术时往往会遗忘“数字鸿沟”问题，但它是一个必须直面的真实问题。城市如何保证所有居民——无论任何年龄、受教育程度、社会地位和健康状况——得到公平、公正的对待？

政府是助力还是阻碍

城市政府的结构非常复杂，各部门都像时钟一样，习惯性地以某种方

式滴滴答答往前走。政治斗争、预算限制、遗留系统和传统思维，都很容易减缓甚至阻挠智慧城市项目的发展。

智慧城市和社区的发展离不开强有力的领导和长远的目光。在有些人眼中，当地政府介入工作的这种想法简直就是浪费时间。

大多数政府官员都希望有所作为，也非常欢迎选民提出自己的想法。他们的动作可能不会像你我希望得那么快，但最终肯定会行动起来。

如果智慧城市对自己很重要，请积极参加当地城镇或村庄的公开会议，发出自己的声音。如果真的这样做了并且产生了效果，你会惊讶地发现原来一点儿都不难。

互联的生态系统

我们建议把智慧城市当成一个整体的概念，而且牢牢记住，城市是范围更大的区域生态系统中的一员。城市不是孤僻的岛屿，无论是真实世界还是虚拟世界，它总会与外部世界有所联系。智慧城市当然也是全球社会的一部分，没有必要独自发展。

目前有很多智慧城市的经验可以借鉴，我们也强烈建议读者走一走，看一看——尤其是当你的志向是成为一名智慧活动家时。即使囊中羞涩，也还可以用网页浏览器或智能手机了解人们在智慧城市里做什么，相信在线搜索出来的结果会让你如获至宝。

下面是一张智慧城市的名单，非常简略，但值得深入了解。如果有机会，就去看一看吧，它们会给你一个良好的开端。

欧洲

阿姆斯特丹（荷兰）

巴塞罗那（西班牙）

哥本哈根（丹麦）

埃因霍温（荷兰）

埃斯波（芬兰）

尼斯（法国）

维也纳（奥地利）

美洲

俄亥俄州哥伦布市（美国）

密苏里州堪萨斯城（美国）

墨西哥城（墨西哥）

纽约（美国）

加利福尼亚州帕罗奥多（美国）

俄勒冈州波特兰（美国）

里约热内卢（巴西）

加利福尼亚州圣迭戈（美国）

华盛顿州西雅图（美国）

中东、亚洲和亚太地区

阿德莱德（澳大利亚）

布巴内斯瓦尔（印度）

迪拜（阿联酋）

长沙市梅溪湖（中国）

墨尔本（澳大利亚）

莫斯科（俄罗斯）

新加坡市（新加坡）

特拉维夫（以色列）

无锡（中国）

银川（中国）

除了阅读本书和访问“蜂联智慧城市”的网站外，我们还建议你下载由Juniper Research研究所为英特尔编制的“全球智慧城市绩效指数”（Global Smart City Performance Index）。该指数从4个方面对智慧城市进行排名：出行、医疗卫生、公共安全和产出效率。

为长期的成功奠定基础

建立由以人为本的各类解决方案构成的生态系统，会随着时间的推移奠定长期成功的基础，进一步推动智慧城市成长为所有城市的榜样。

不是所有的解决方案都需要自己搞，城市行政机关应该跳出自己的城市，甚至跳出自己所在的地区，到更广阔的世界寻找适合自己的解决方案，结合自身实际加以调整后（直接复制也行）投入使用。向其他城市和社区学习，相互之间分享经验教训，是智慧城市之旅不可或缺的一部分。

持续创新平台

我们认为，智慧城市有潜力在多个领域成为全球领先的持续创新平台，包括公共安全、公共卫生、出行、教育、金融、贸易、移民、能效、垃圾处理、网络安全、数据科学、机器人技术，以及现代生活的其他关键领域。

在“蜂联智慧城市”中，为了推动智慧城市建设的发展，我们为各类智慧城市解决方案打造了一个面向全球的交流平台，这些解决方案的适应性和可移植性往往都很好，已在不同国家的几百个城市得到了成功运用。通过平台，我们把成千上万的政府用户、方案供应商、研究机构和大学专家——当然还有智慧活动家——联系在一起，帮助他们的城市和社区继续前行。平台上既有理论层面的发展战略和解决方案，又有实践层面的城市案例研究，这些都为智慧城市的发展做出了贡献。

智慧城市的成功，从本质上讲要归功于从内外两方面的集体智慧中汲取的知识和经验，而知识和经验则来源于各地朝着共同的目标同心协力采取的实际行动。或者，正如我们所说的那样："做只蜜蜂吧！"蜜蜂是一种很会合作的生物，懂得一起为整个蜂巢的福祉努力。让我们以它们为榜样，开拓智慧城市的新世界。

目 录

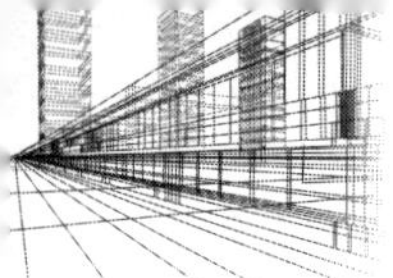

第 1 章 梦想之城

听说过黄金城、亚特兰蒂斯、香巴拉、阿瓦隆、仙乐都和香格里拉这些名字吗？它们让我们如此魂牵梦萦，虽然只是传说，却滋养了我们的想象力，激发了我们的好奇心，使我们对未来充满希冀。

智慧城市就是现代神话，是属于我们这个时代的梦想。虽然它还只是一个由所有人在无意识的过程中逐步形成的粗糙概念，但是它是我们向往已久的梦幻之地，像远方闪烁的灯塔一样根植于我们的内心深处。

热爱城市的我们，做梦都想在这样的智慧城市中生活、工作和娱乐，它既是成家立业的好地方，又是日间漫步的好去处。智慧城市能激发人们的天赋和创造力，也给人们带来和平与安宁。

本书将从以人为本的角度诠释智慧城市。前几章主要介绍人们对技术的运用，而非仅介绍技术本身。

这是一本写给梦想家和有远见之人的书，希望读者与我们共同畅游梦境，构想我们的后代将居住的未来世界。

当今世界有一半多人口生活在城市。居民城市化率最高的依次是北美洲（82%）、拉丁美洲和加勒比地区（81%）、欧洲（74%）和大洋洲（68%）。非洲的城市化率最低，只有 43% 的人口生活在城市。

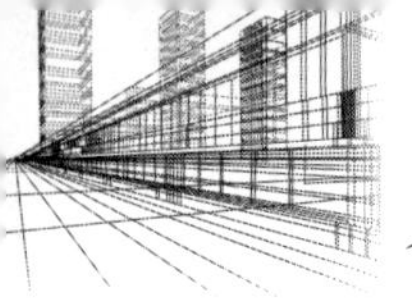

亚洲的城市居民差不多占一半，但是亚洲的经济发展很快，这个比率肯定会随之增加，相信过不了多久就会实现高度的城市化。

我们的地球毫无疑问正在变成一颗城市星球。从 1950 年到 2018 年，城市人口的总量从 7.51 亿飙升到 42 亿。到 21 世纪中叶，将有 2/3 的人口生活在城市。城市的数量和规模都会急剧扩大：到 2030 年，全球人口数量在 1000 万以上的超大城市会超过 43 座[1]。很明显，未来的世界就是城市的世界（如图 1.1 所示）。

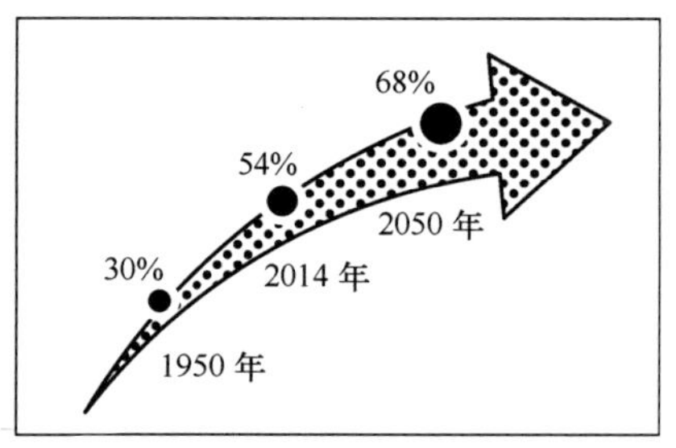

图 1.1　全球城市人口增长情况

来源：联合国经济和社会事务部人口司

《世界城市化展望》2018 修订版（联合国，2018 年 5 月 16 日）。

然而，城市化可不是什么新趋势，早在 1000 多年前人们就已经开始向城市聚拢了。到底发生了什么变化？城市化的速度太快了。正如我们在《智慧城市，智慧公民》（*Smart Cities, Smarter Citizens*）一书中所写："三四千年前的人们要有一辆牛车和一颗勇敢的心，历尽千辛万苦，才能从边远乡村赶到最近的集镇。而现在，搭飞机想去哪里就去哪里，时间缩短到以小时计。"

没变的又是什么？驱动社会经济发展的成因没有变。自从有了城市，人们就更喜欢在城里而不是乡下生活。道理很明显，城市赚钱的机会更多，生活品质更高，各种服务更齐全，医疗和文化条件都比农村要好。所以大多数人想搬到城市居住。

城市不仅仅是一台造富机，其本身也意味着价值。城里的房子，就算修修补补，也比乡下或近郊的房子值钱。所以才会有那么多人在城里买房。

伊利诺伊大学和密歇根大学经济学家的一份详尽研究表明，在美国，占据 76581 平方英里（约 200000 km^2）的城市土地总值几乎达到 25 万亿美元，平均每英亩（约 4047 m^2）价值 51.1 万美元。研究还表明，通常情况下，一栋占地面积 1/5 英亩（约 809.4 m^2）的住宅价值 10 万美元，而一个车位价值 2000 美元。此外，全美国最昂贵的地产位于纽约曼哈顿中区，每英亩价值 1.23 亿美元。

很简单，经济原因在某种程度上决定了城市土地的天价：人们对城市土地的需求是不断上升的，但供应是有限制的。

城市房地产的高价格同样也离不开需求的推动。城市不仅承载着我们的情感，还激发着我们的热情，它们就像磁铁一样吸引着无数的人才和企业。城市生活的价值是难以言明的，历朝历代的诗人、作曲家和小说家都在为自己的作品如何能演绎出这种价值而殚精竭虑。

Elizabeth Currid（伊丽莎白 · 柯里德）在她的有声书《创意城市》（*The Warhol Economy*）中描述了城市如何“吸引资本，驱动经济”，她的书描述的是纽约，但道理适用于全世界。城市不仅可以让人们随时面对面交流，还在人们中间建立起紧密的合作与竞争关系，这对保持经济的强劲与活力非常重要。

城市给人们提供了大量改变人生的机会和学习经历。人际交往，特别是与陌生人的交往，让我们变得更聪明、更睿智，也更自信，所以城里人看上去才会更“精明”。我们能在一瞬间判断出一个人仅仅是有点怪异还是可能会带来危险，这份能耐也让人们颇为自得。

大城市的居民懂得让自己的生活充满阳光。缅因州波特兰的城市管理者 Jon Jennings（乔恩 · 詹宁斯）把高品质的生活称为城市的“独门秘籍”。波特兰打算利用雷达和人工智能等先进技术缓解交通拥堵，改善居民生活质量，吸引更多的游客，促进当地的经济增长。

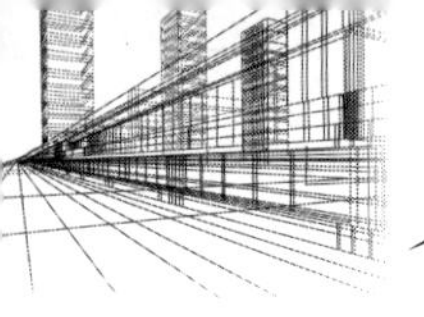

在Jennings的眼中，智慧城市建设不仅要使政府更值得信赖，能给居民带来更大的福祉，还要能满足新生代的需求和希望。

“我们比以前更忙碌，生活中的事情那么多，所以谁都不喜欢经常争吵。”Jennings说，“今天的我们都希望事情能立刻解决，至少也应该比以往要快。在波特兰，新技术让我们的生活更轻松。”

城市如何智慧

什么是智慧城市？它与我们的传统城市观念有何不同？智慧城市没有一个单独的定义，它本身仍处于不断的发展中，没人能够确切地描述出来。但智慧城市最起码在技术上使城市活动家兼作家Jane Jacobs（简·雅各布斯）描述的“一块有着梦幻般的活力，能让数百万人生活得更好的沃土”成为可能。

在智慧城市里，人们可以在街上、店里或其他任何公共场所行走、交谈和集会。在这里，人际交往简单、不费劲，人与人、人与环境，彼此之间都洋溢着快乐；在这里，人们可以不拘礼节，偶尔见面，邻里关系也很自然。

最重要的是人们在这里有安全感，不是因为周围全是警察和摄像头，而是因为城市本身的设计理念就是虚拟世界与真实世界的融合，让相互之间的信任、合作和责任分担不再困难。

智慧城市也让人们的出行更加便捷。交通工具的智能整合缓解了拥堵，也减少了有害气体的排放。

宽带和无线网络无缝覆盖，不再有信号盲区，电话也不会掉线，免费的充电站随处可见，不用担心手机没电。

智慧城市将能源的利用效率提高到新的水平，发电速度比用电速度还快。循环利用技术广泛用于食品和其他商品的生产。用水量以“滴”计算，节省的自然资源则以“吨”计。是不是有些小气？但这是智慧城市的理念——

任何资源都不会浪费。

太阳能垃圾桶装满后会发出信号，事情虽小，但降低了垃圾清理的开支，每年能节约数百万美元。

智慧城市的路灯也装有传感器，能发现路上的坑洞，能侦测交通流量，能听到枪击声，还能帮助司机找停车位。

智慧城市的智能系统让市民办事更容易，根本不用到市政厅排队。无论是纳税、为孩子注册上学，还是帮年迈的父母看病，办事流程都大大简化。

山巅之城

智慧城市能实现的事情还有很多。从某种意义上讲它们就是生活的实验室，既有形形色色的模型和样本，又有各个行业的专家和研究人员为人类探索未来的发展道路。

智慧城市直面的都是现代生活中的棘手难题，囊括了交通、能效、教育、治安、卫生、民治、隐私、移民、经济不平等、气候变化和网络安全。

这些问题无法回避，无法忽视，也不可能全部交给上级处理。在很多情况下，城市与城镇除了解决问题别无他法。它们只能解决问题或被问题击垮。

智慧城市与“新地方主义”颇有异曲同工之处，后者认为很多问题最好是在地方上解决。看起来这个理念没什么特别之处，但它与 20 世纪的“大政府主义”彻底分道扬镳了。

在当今时代，“大政府”问题的解决思路的确饱受抨击，在思想理念领域，人们已经掀起了一场变革，尤其是在具体的问题方面。第二次世界大战后几十年间的城市规划更偏向于层层级级的管制模式，各国的城市建设千篇一律，索然无味。

那个时代的城市规划普遍充斥着误解和偏见，总觉得街上都是人不好，都是车才对，还认为穷人就应该住在让人心惊胆战的高楼里。战后的城市规划遵循的是罗伯·摩斯（Robert Moses）和勒·柯布西耶（Le Corbusier）等传奇建筑师的思路，他们认为城市生活中天然存在的混乱现象应该彻底摒弃，并用秩序和管制取而代之。

他们认为“大就是美”，重要的建设项目一定要大，大也一定意味着重要。结果这种思路在战后几十年后被证明是错误的。

小，同样是城市的魅力。城市的规模天生就是有限制的，而且这也算是一种优势。小，就不需要解决规模大的问题，也不需要建设大量的工程。小，有利于思索。

本书介绍的工程大都是以人为本、功能完备的实用型项目，虽然大多小而简单，但有些真的对得起“巧夺天工”这 4 个字，而且，以前有些项目因为太大或太超前而失败了，现在的新工程正好对原址物尽其用。

城市规划的新方案

推崇合作共建、群策群力的城市规划新方案成就了智慧城市。而自下而上，跨界合作，用全新的办法解决复杂的问题，正是新方案的特点。大，不再是美；实用，才是真谛。

像敏捷开发（Agile）和开发运维（DevOps）这种原属软件开发范畴的理念和“设计思维”（研究现实中可能会出现的问题并倒推解决办法）在城市规划领域发挥了很大作用。任何想法在着手实施之前，都要先经历快速而轻量化的设计和试点，利用弹窗和虚拟现实技术加以评估和提炼，并不断改进。

新方案已经完全离不开数据科学，否则无法对各种想法进行严格测试，也无法断定哪种想法最有可能成为现实。

利用数据科学，智慧城市能够轻易地规划小型公园、运动场、人行道沿线、社区花园、步行街、自行车道和交通圈的规模和选址。人们无须猜测一定要有哪些生活设施，只需要利用数据来生成预测模型并在实施之前测出精确度。

技术以外的思考

现代数字技术是 21 世纪智慧城市的催化剂，这我们已经知道了，但技术本身并不能让城市变得智慧。人们需要把技术深入应用到城市生活的方方面面才做得到，不是想想就可以的，也不是做做表面文章就能实现的。技术必须完全融入城市的基础设施中，成为城市日常生活密不可分的一部分。

俗话说“万事俱备，只欠东风”，而在智慧城市的建设过程中，技术不是“东风”，而是“万事”。智慧城市的构想、设计、建设和管理需要多学科的共同努力，离不开各行各业专家和业内人士的群策群力。

斯坦福大学人类城市倡议计划（Human Cities Initiative）的联合创始人 Kevin Fan Hsu（凯文 · 范 · 哈苏）说：“智慧城市可不是简单地在城市里堆砌技术就可以实现的。智慧城市的规划很讲究，反应要快，要有适应能力。从本质上来说城市是由有不同需求、不同希冀和不同愿望的居民组成的。当今的城市规划一定要有他们的配合，绝不是从上到下的行政命令就能做到的。”

智慧城市遵循的基本原则是设计思维和以人为本，一定要以满足人们的需求为先，运用科学手段来指导项目的建设。与华而不实的宏伟计划相比，智慧城市更重视街坊邻居的想法，它们知道，高品质的城市生活依靠的正是摩肩接踵的街巷、人头攒动的商店和多元化的经济。

回首过去

我们常常会把智慧城市当成未来的概念，也常常用属于未来的语言来描述我们心目中的智慧城市。但是，我们也应当回首过去，看看我们的先辈是如何应对城市规划和发展过程中遇到的挑战的。

19 世纪中叶，乔治－欧仁·奥斯曼（Georges-Eugène Haussmann）男爵受命重建法国巴黎，他把满目疮痍的巴黎城改造成世界上第一座真正意义上的现代化城市。那个年代的建筑工具和技巧被广泛用于城市的重建，包括公园、广场、大型纪念碑、辐射式道路、下水道、配水系统，还有标准的檐口线脚（如图 1.2 所示）。

图 1.2　巴黎的辐射式街道布局

来源：Burt Myers。

而负责规划巴塞罗那城市扩建项目的 Ildefons Cerdà（伊尔德方斯·塞尔达）差不多在同一时间创造了“城市化”这个概念，而且巴塞罗那新建街道的正交网格也是他设计的，这充分诠释了“有序”和“清爽”是什么感觉。他还把人行道地砖的四角按 45° 切去（称作“去角角隅”）后再铺设，这在当时绝对是一大创举，让新城区的小集市布满各式各样的店铺（如图 1.3 所示）。Ildefons Cerdà 是交通领域的专家，在规划扩建大街小巷时，对交通流量做到了了然于胸。

这两位规划大师很有远见，充分说明智慧城市是由智慧的人民建造出来的。他们不仅在规划的时候颇有洞察力，还懂得利用手上的一切资源使梦想成真。

在今天的城市中，“智慧”并不一定等同于“高科技”，智慧城市的建设项目大多并不需要先进的工程技术，也不需要 T 字节级别的计算能力。我们的研究表明，成功的智慧城市建设项目最需要的其实是对问题的深入了解、充满想象力的思维方式、深入的调查研究、卓越的规划工作和大胆的行动，以及不屈不挠的精神。

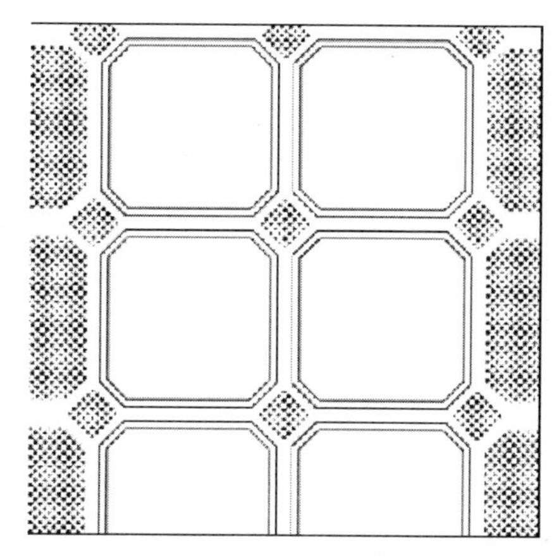

图 1.3　巴塞罗那的斜切角路面
来源：Burt Myers。

马德里的共享单车、俄勒冈波特兰长达 100 英里（1 英里≈ 1609 米）的绿道、纽约中央公园禁止机动车驶入、爱沙尼亚塔林的免费公交，都是当地政府或社区为满足人们的需求打造的智慧城市项目。在这些案例中，技术只是推动因素，而不是动力因素。

需求成就智慧

新加坡很早就懂得充分运用科技来规划自己的发展。这个 1965 年才独立的城国以工业立国，拥有 590 万人口，但淡水资源匮乏，绝大部分饮用水要依赖邻近的马来西亚。这个问题很严重，因为新加坡与马来西亚柔佛州签订的淡水进口合约将于 2061 年到期，届时新加坡的淡水需求量差不多会达到现在（每天 4.3 亿加仑，每加仑约 4.55 升）的两倍。

所以新加坡很快就开始试验水循环技术以生产“工业用水”。试验很成功，水循环领域的新技术也由此不断得到发展，包括海水淡化、精细循环技术和雨水收集技术。负责全国水务的新加坡公用事业局（PUB）首席执行官 Peter Joo Hee Ng（彼得 · 乔 · 熙）对《来源》（*The Source*）杂志的 Nick

Michell（尼克·米歇尔）说："我们打算把新加坡下的每一滴雨都收集起来。"

经过多年的研究和试验，新加坡政府于2003年向社会公布了"新生水"（NEWater）项目。根据世界经济论坛发表的一篇文章，"新生水"是从循环的废水中提取的超净水，"其净化过程分为三步，分别是超滤（微滤）、逆渗透（RO）和紫外线消毒"。

"新生水"被注入新加坡的水库中，与雨水混合后再做进一步的处理，才能直接使用。新加坡希望"新生水"和海水淡化工厂能满足本国未来85%的用水需求。

与此同时，新加坡还做了很多事。不仅进一步优化了自身的水处理能力，还派有潜力的学生去学习最先进的"废"水处理和回收工艺。

对淡水的需求使新加坡成为水回收利用科技领域的全球领导者，但新加坡利用革命性技术改善人民生活可不仅仅是在净水方面。

针对医疗、交通、教育、治安、住房和养老等各个领域，这个国家有很多改良或转型项目，被称之为"智慧城市之最"。在联合国每年公布的"人类发展指数"排行榜上，新加坡始终名列前茅。

无论是作为一个国家还是一座城市，新加坡认真细致地对待公民的社会、经济和生理需求，也因此取得了巨大的成功。

政商合作

智慧城市的规划有赖于政商两界建立起亲密而良好的关系。Alexander Garvin（亚历山大·加文）在《美国城市：有效与无效》（*The American City: What Works, What Doesn't*）一书中写道："规划是一项公共事业，需要私有部门持续而广泛的参与。"

根据他的观察，事实证明，项目如果不能对邻近社区产生积极的影响，就不能算成功。城市是个很复杂的混合体，既有公共部门，又有商业企业，智慧城市的建设计划必须得到双方发自内心的支持。本书列举的很多例子都是政商双方通力合作的成果，这种合作关系是建设智慧城市所必需的。

其实政商合作不是什么新概念，纽约的第一条地铁就是公私合建的，奥斯曼男爵重建巴黎的资金也是政商两界共同提供的。

除了筹措资金，双方的合作还能加快智慧城市项目的建设和实施步伐。举个例子，达拉斯创新联盟（Dallas Innovation Alliance）在达拉斯西端区（West End District）成功完成了 9 个项目。西端区是典型的老区，在进入 21 世纪之后的前几年经济下滑得很厉害。

达拉斯创新联盟收集了很多数据呈递给市政官员，加快了他们的决策进程。达拉斯创新联盟联合创始人兼执行主任 Jennifer Sanders（詹尼弗·桑德斯）解释说：“为了解决问题，我们尽力让相关各方坐下来一起点燃头脑风暴。作为一家独立的非营利机构，我们的动作很快，没有让那些乱七八糟的事情拖慢项目的速度。我们就是想证明大规模发展智慧城市项目不会错。”

2017 年，达拉斯创新联盟在西端区成立了“智慧城市生活实验室”（Smart Cities Living Lab）。这个实验室是智慧城市项目的试验田，数据是公开的，试验是可重复的，很适合用来做项目评估。它在该区部署的人行交通小型监测站项目取得了极大的成功。

Sanders 说：“我们可以测出行人的流量信息并分享给当地商会的成员。而且监测站还测出了流量的高峰时段，帮助老板调整营业时间和促销方案，以吸引更多的客流。”

该区还有一个项目是把建设路灯用的钠卤灯泡换成 LED 灯，除了节能和提高安全性外，还能远程控制。

“那里有一家餐馆很火爆，还带个院子。但路灯亮起来的时候光线会直接照到院子里，客人表示很不舒服。我们给市里打电话反映了这个情况，他

们把那边灯光的亮度调低了 30%。”Sanders 回忆道，“有些城市也有类似的情况，路灯的光线直接照进住户家里，对睡眠造成影响。换成 LED 灯之后，有关部门就可以把亮度调低，让居民晚上能睡好觉。”

LED 灯如果损坏或需要更换时会自动发出信号，给检修人员节约了不少工作时间。LED 灯降低了劳动力和能源方面的开支，也减少了碳排放量。

Sanders 认为实验室的工作卓有成效。无论是住户还是游客，现在都觉得治安比原来更好了，人与人之间的联系更紧密了，商店也有了更多的顾客，整个端区的面貌焕然一新。

Sanders 还说：“在城市层面，政商两界的合作越来越重要。没有合作，城建工作的规划和实施不可能推行得这么快，效果这么好，传统模式已经被淘汰了。”她表示，目标就是让前期预算捉襟见肘的项目先“动”起来，把运营的优化问题放到后面再去考虑。

他们把这种合作模式叫作 PPPs，是智慧城市建设必不可少的一部分。过去搞建设项目主要靠借钱，通常是发行市政债券，有了 PPPs，城市就可以充分利用私有部门的资金，无须担心传统模式下的偿债、拖欠等问题。

公开资料

所谓公开资料，是指允许社会组织或个人自由下载和分析的公共数据，在智慧城市的建设过程中同样发挥了重要作用。公开资料包括建筑许可证、公开法庭记录、房地产交易、政府支出、用水量、空气质量以及人口普查数据等。

“零事故愿景”（Vision Zero）是一项旨在全球范围内消除恶性交通事故的计划，靠的就是对交通事故公开资料的详尽分析。欧洲和北美的智慧城市都利用了“零事故愿景”的策略来提高道路（包括人行道、非机动车道和机动车道）的安全性（如图 1.4 所示）。

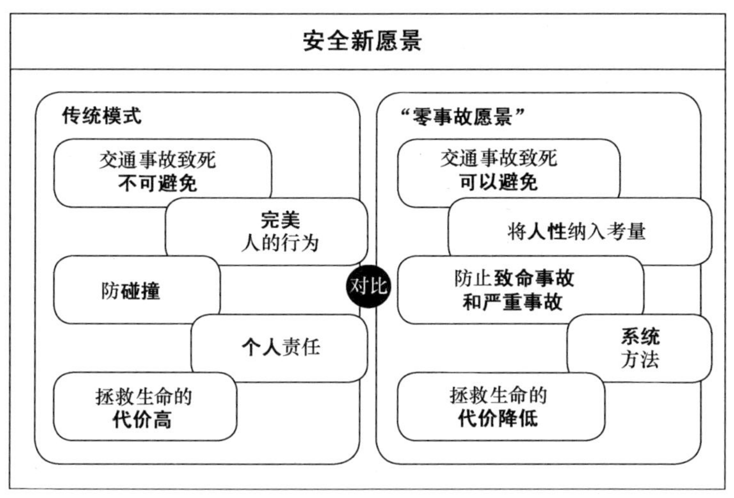

图 1.4 "零事故愿景"减少恶性交通事故的策略

来源："零事故愿景"计划。

公开资料也降低了美国的住宅火灾死亡率，目前，美国每五起住宅火灾中就有三起是由于家中根本没有烟雾报警器或报警器故障造成的。来自纽约布鲁克林的一家全球性非营利机构 DataKind（互联网大数据科研组织）的数据科学家们正在华盛顿同美国红十字会合作绘制线上版的"住宅火灾风险地图"，可用帮助高风险住宅安装烟雾报警器和开展防火教育。

地图以 DataDive（数据深潜）周末活动开始，由志愿者和一家非营利机构共同解决问题。在本例中，DataDive 在华府的数十名志愿者同美国红十字会的 8 名工作人员利用《美国社会调查》和《美国住房调查》的公开资料（由 Enigma 烟雾报警装置采集整理），以及全国火灾事故上报系统的数据和红十字会的住宅防火响应数据，共同开展了一次长达一年之久的研究。

下面是 DataKind 有关这次研究的一篇博客文章的摘要。

首先，我们的志愿者建立了模型以便预测出烟雾报警器覆盖率最低的社区。接下来，为了确定今后最有可能发生火灾的地点，我们对住宅火灾的发生率

进行了评估。鉴于人命关天，我们还建立了第三个模型用以预测发生住宅火灾时受伤或死亡的可能性。这些模型均包含在“住宅火灾风险地图”中。

DataKind在班加罗尔、旧金山、新加坡、英国和华盛顿设有分支机构，像这样的非营利机构正是在人、事、技术诸方面推动智慧城市概念向前发展的重要角色。

它们不仅代表了公民实际参与公共事务的新形式，还体现了基层民众对社会的责任。社会活动人士多年来一直在举办点心义卖、洗车、组织集会等活动，在未来的智慧城市中，他们还可以举行黑客马拉松、编程大会和DataDive。

共存共荣

有关城市问题的解决之道，智慧城市正走在前列。与国家政府比起来，城市不仅更灵活，反应也要快得多。如果这个世界上最难的问题真有解决办法，那么智慧城市一定是最先找到解决办法的。

智慧城市几乎能用所有想象得到的方式解决那些在20世纪中叶严格按照规划建设起来的城市目前存在的问题：高楼的四周死气沉沉，一到晚上人们都不敢出门。

正如Richard Sennett（理查德·森内特）和Ricky Burdett（里基·伯德特）在《基多文献与新城市议程》（*The Quito Papers and the New Urban Agenda*）一书的序言中所述：“在城市里，物质与人文是紧密联系在一起的。”孕育于20世纪30年代并在随后的60年里席卷全球的城市规划原则打破了这种紧密的联系。

好在智慧城市的进程扭转了这条轨迹。智慧城市是一个全新的城市发展平台，把规划工具和技巧交到了更多人的手中，让他们与城市共存共荣。

新一代建筑师如今也有了可以大展拳脚的地方，他们可以利用软件以可视化的方式把建筑物与周边环境之间相互作用的复杂细节描绘出来。

但即使有了这些技巧，能塑造一座城市命运的，依然是建筑的风格。而智慧城市的建筑风格，很可能会反映出现代生活的易变和无序。建筑的发展过程是重复的——不断实验、反馈、提炼和创新，永无止境。正如 Sennett 所说，我们身边的建筑的形状和结构总给人“一种过程不断展开的强烈感觉。”[2]

虽然短时间内我们不太可能看得到“灵活的”建筑，但城市的建筑师和他们的团队确实越来越关注“适应性”这个概念。KPF 建筑事务所总裁兼首席设计师 James Von Klemperer（詹姆斯 · 冯 · 克莱姆佩雷尔）说：“改变既有建筑的基本形态很难，但最好的建筑总能适应新的用途。”

适应性强的建筑，周边发生变化时不需要拆除。以曼哈顿为例，最典型的地方大都是以前的仓库。这些仓库虽然建得粗糙，但空间很大，天花板很高，很适合用来搞画廊、loft（阁楼）或商店。它们的用途虽然完全变了，但外观基本上没变。

Von Klemperer 说：“这些建筑可以继续用……免得重建会对我们的星球造成破坏。建筑物的用途发生了变化，在某种意义上也说明了它们的‘灵活性’。”

理想情况下，智慧城市会要求建筑物在设计和建造的时候遵守适应性的原则。例如，可以调高新建车库层高的最低标准，这样如果有一天车库要改成办公室或公寓，也就更容易。设计和建造新建筑的时候，“智慧”二字能有效帮助规避未来被拆除的风险。从理论上讲，适应性强的建筑物，可以“屹立”数百年。

追梦

在本章开头，我们曾把智慧城市与传说中的梦想之城放在一起对比。希

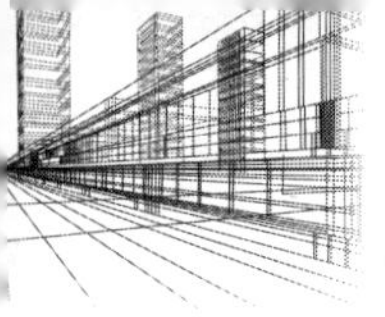

望读者能与我们一起“做梦”，展望未来的智慧城市和智慧小镇的模样。

但是，智慧城市不是幻想，也不是抽象的概念，它们是真的。我们花了很长时间才做完研究，写出了这本书，其间遇到过一些提出不同意见的人，甚至是悲观主义者，他们告诉我们智慧城市这个主意一点都不好，也只能是梦。对此我们很不以为然。

在这个星球的每一块陆地上，智慧城市正得到越来越高的重视。各大科技厂商的队伍已经集结完毕，即将投入争夺智慧城市方案和服务市场份额的大战中，这个市场有望在未来 5 年内超过 10000 亿美元。

智慧城市建设也是数字革命的一部分。数字技术改变的不仅仅是工业和商业，还有生活中的方方面面，包括我们生活的地方。我们面临的是一场石破天惊的变革——新世界即将诞生。

新生儿都要经历成长的痛苦，智慧城市也不例外，也不会有两座一模一样的智慧城市。智慧城市会在不同的程度上反映出所在国家或地区不同的文化习俗，任何试图用放之四海而皆准的模式、模板或公式来建设智慧城市的努力注定会失败。智慧城市不是机器，它们就像生物有机体一样，会成长，会进化，会适应环境的改变。

当然，智慧城市不是万能灵药，也解决不了这个世界上所有的问题。有些城市能成功，有些城市也会失败；犯罪依然会有，无家可归的人也不会消失；贫富之间的鸿沟更不会抹平。

但是，智慧城市能给我们希望，生活在其中的人们也会有更强的社群意识。他们更热忱，更有活力；他们以所在的智慧城市为傲；他们会千方百计保持城市的安全与干净；他们充分享受城市带来的一切；他们会参与城市的管理，发出自己的声音。他们，就是智慧公民。

我们相信，城市自有一股救赎的力量，人们喜欢住在城市是因为它们比乡镇更有社会活力。

在城市，人们一走出家门就可以马上与其他人交谈：朋友、邻居甚至陌生人。一起说话，一起交流，如果可能，甚至还会一起做生意。当然，也说不定是一起吃饭，一起参观博物馆，一起看电影或一起逛街。

智慧城市亦然，而且带来的东西更多。它会知道我们什么时候生病或受伤，并自动帮我们叫医生；它会在我们晚上走进公园的时候打开路灯，离开的时候再关上；它会在必要的时候提醒我们换驾照，而且在手机上帮我们操作；它也会帮助我们为摔倒的妈妈找一家不错的康复中心。

本书后面各章会描述不同规模和不同复杂度的智慧城市项目。我们也会解释为何智慧城市是“系统的系统”，还将介绍一些重要概念，如交互操作性、开放式标准、弹性和持续改进。除了智慧城市，还有智慧小镇、智慧县区和智慧国度。

如果读者打算更深度地介入智慧城市进程甚至立志改变人类的未来，我们希望这本书能成为你不可或缺的得力臂膀。

公民在智慧城市发展和演变过程中扮演的角色会不断发生变化。有可能你在前一天还是旁观者，第二天就积极参与其中，踊跃发声。我们希望读者积极作为，也希望本书的内容能帮助你成为智慧城市中的一名智慧公民。

尾注

1. 联合国经济和社会事务部人口司《世界城市化展望》2018 修订版（联合国，2018 年 5 月 16 日）。

2. “一种过程不断展开的强烈感觉”一语的出处是 Richard Sennett 所著《建与居》一书的第 13 页，引用了 Bernard Rudofsky 所著《没有建筑师的建筑物》一书中对锡耶纳城的描述。

第 2 章
数据之城

Jennifer Robinson（詹尼弗 · 罗比森）是北卡罗来纳州卡里市议会的资深议员。卡里市大约有 16.2 万人口，毗邻三角研究园（全球最大的科技园区之一）。

与大多数当地政府机构一样，市议会一般在晚上开会，这种夜间时间表允许她在卡里市一家大型的 SAS 软件公司做一份全职工作。她在公司的职责是为当地政府提供数据科学领域的专业服务。

Robinson 说："我们以前的主要服务对象是联邦和州政府。虽然现在数据科学在市一级也有了用武之地，但我觉得变革之路会很漫长。而我们，才刚刚开始。"

Robinson 总是说自己整天"公务缠身"。她讲话的时候激情洋溢，从心底里相信地方政府有能力为普通公民的生活带来积极变化。Robinson 不是一个人在战斗。新一代公民领袖对数字技术情有独钟，知道技术可以用来传播正能量，而 Robinson 正是他们当中的佼佼者。

亲身经历让她明白了一个道理，大多数公民对参与式民主以及何为好政府（Good Government）的基本准则很有信心，他们也希望政府的工作能够做到求真务实，公平公正。

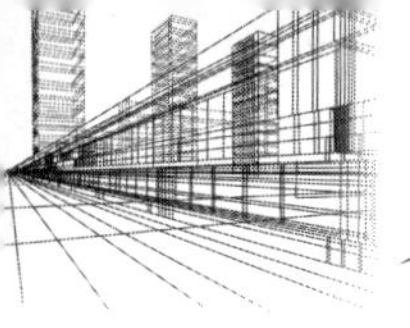

“要怎样才能让公众高兴？当然是有安全感。”Robinson 如是说，“他们要相信人人都有均等的发展机会，他们希望能信任自己的政府。而向公众开放政府数据对建立信任很有帮助，因为开放数据能帮助公众发现和了解政府的决策和举措。”

推动开放数据向前发展的不是政治，而是现实。“数据是新一代的石油”这句真言已经渗透到了文化的方方面面。

公众明白数据和信息的确具备经济价值，但与黄金白银不一样，数据非常容易“变质”。数据这东西，如果不用，就是没有价值的，将数据锁在保险库里只会毁了它的价值。

什么是开放数据？根据开放知识基金会（Open Knowledge International）对“开放”的定义：任何人都可以以任何目的自由访问、使用、修改和分享（最多只需要满足保护来源和开放性的相关要求）。

开放数据必须易于获取和访问（最好通过互联网）、机器可读、可修改、可重复使用，且不受限制。换句话说，任何人可以以任何目的下载和使用开放数据。从表面意思上理解，开放数据本质上与专用数据刚好相反。

Robinson 说：“一旦城镇将数据用作公共事务，数据就有了自己的生命。”她预测，开放数据将成为市级政府的“基线”政策。

开放是更智慧的

Christina Franken（克里斯蒂娜 · 弗兰肯）在 Mapbox 牵头负责智慧城市计划，Mapbox 是一个开源的位置数据平台，被很多网站和移动应用程序采用，如色拉布、孤独星球、来福车、天气网和彭博新闻社。Franken 也是开放数据的坚定拥护者。

“开放城市是更智慧的城市，”Franken 说。她也很清楚，所谓共享数据不是仅在公开网站上发布数据就可以了。如果不能把大家熟悉的技术与开放数据结合起来，她怀疑智慧城市的梦想究竟能否实现。好的一面是每个人都知道如何使用智能手机，不好的一面是很少有人懂得如何分析数据。

“获得数据科学学位的终究是极少数人，所以，仅仅在门户网站上公开发布数据，对有可能从中受益的人来说，是远远不够的，” Franken 说。

补救措施相当简单：公众和政府工作人员都应当接受处理数据技术的培训。如果人们根本不懂如何使用数据，那么无论数据开放与否，都无关痛痒。

“开放城市应该尽量提高办事流程的透明度。” 她说，“要大力加强教育培训工作，要让每个人，无论是政府工作人员还是普通人，都会使用数据。”

Franken 设想了一座“全天开放数据的”城市来证明这一点，在这座城市里，“任何人，不仅仅是研究人员和当地积极分子”，都可以访问和运用数据。她提出了一个“以默认开放实现透明化”的概念，以增加信任，减少猜疑。

建设智慧城市一定要知道，在数据科学的术语面前，有很多人会被吓到，也有很多人会视而不见或故意回避。所以，城市一定要找出简便有效的方法让公众获取和使用数据。“有不少新技术第一眼看上去是很吓人的，尤其是那种有很多术语和流行语的技术。” Franken 说。利用开放数据建设起来的智慧城市可以帮助公众消除疑虑，使他们了解利用数据改善办事流程的潜在好处，最终让他们习以为常地把数据看成商品。

当然，也不是所有的数据都是开放数据。类似电子邮件地址、姓名和家庭住址这样的个人身份信息（PII）就不是开放数据。医疗、金融以及各种法律信息属于机密，不应视为开放数据。幸运的是，可以开放的数据一般已经足够满足智慧城市建设的需要了。

举办黑客马拉松比赛，教年轻人使用开放数据编写软件可以大大降低其

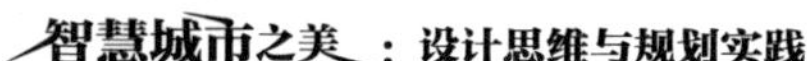

神秘程度。如果父母看到自己的孩子懂得怎样下载当地的空气质量数据，也知道如何按照针对哮喘患者的建议编写简单的应用程序，那么“用数据改善城市生活”的想法就会越来越可行。

Emma Mulqueeny（埃玛 · 马尔奎尼）在软件开发者社区中很有名气，她在推动数据开放和向儿童教授编程技能方面做了大量的工作。“青年再联机国度”（YRS，Young Rewired State）就是她在 2009 年创立的一家慈善组织，通过这个组织学会编写软件代码和开发应用程序的儿童多达几千人。为表彰她在技术和教育领域做出的突出贡献，在伊丽莎白女王 90 周岁诞辰颁布的“最优秀不列颠帝国勋章”获得者名单中，她的名字赫然在列。

Mulqueeny 的故事和经历揭示了智慧城市理念中被大多数人忽视的情感元素。“YRS 刚刚成立的时候，我们用的是同样的流程：收集开放数据并加以精确标注，然后把年轻的程序员集中到一起，给他们比萨、甜甜圈、水果和水，连上 Wi-Fi 以及分配指导老师。接下来让他们持续工作 48 小时，看看能创造出什么，”她回忆道。

在多次组织 YRS 黑客马拉松大赛后，她发现情况惊人的相似。“每次我们举办比赛，无论是哪个国家，都有大约 1/3 的年轻人的应用程序会把犯罪数据覆盖在当地的地图上，然后通过这些数据计算出最安全的上学路线，无一例外。”

喜欢挑刺的人可能会说：“哦，把犯罪数据覆盖在街道地图上就能编个程序出来？很容易嘛！”但 Mulqueeny 看到的是孩子们表达了自己对安全的渴望。“没有人让他们编写避开犯罪的程序，他们自然而然就这么做了。”

柏林黑客

Mulqueeny 对柏林举办的一次黑客马拉松记忆犹新，据说当时一些年轻的程序员利用一个包含了“二战”期间所有被带走的犹太人家庭住址（门外有金色铭牌以资纪念）的数据库制作了一些地图。“孩子们制作的地图能让游客更容易找到铭牌，”她回忆道。

孩子们也因此发现了“另一个犹太人数据库，这些人在战争期间失踪且没有得到铭牌，是因为没人知道他们住在哪里。”Mulqueeny 说，“程序员们创建了一个界面，让人们能够根据姓名找出相应的地址，然后上报市议会给这些失踪人员或其家人发放新的铭牌。”

她将同一批程序员带到了在立陶宛召开的一次欧盟会议上，向与会者展示了他们在柏林所做的工作。会议期间，一名来自科索沃，同样也是教年轻人写软件代码的女士主动联系了他们。

“他们手上有一份在科索沃失踪的人员名单，数目高达 20000。因此，这位女士希望我们能把寻找柏林失踪人员的算法传授给他们。”Mulqueeny 解释道，“我们帮助科索沃的孩子们开发了自己的应用程序，用来寻找科索沃失踪人员的家。我喜欢这个故事，它跨越了国境、界限和历史。”

Mulqueeny 还在肯尼亚组织了一场黑客马拉松活动，帮助那些在穿越边境时妻离子散的索马里难民重新团聚。

“那边有很多工作人员在帮助这些家庭团聚，但是他们使用的科技仅限于手机。”她解释说，“确定这些人与家人的关系也很混乱，许多难民的名字很相似，也有很多人由于害怕受到伤害会使用假名。”

由于不能依靠姓名的信息，程序员们不得不想出另外一招来鉴别那些与家人和朋友失散的人。

“索马里有着丰富的讲故事文化。”Mulqueeny 说。因此，程序员们开发了一款移动 App 用来记录难民的故事。“为了匹配故事中的单词和短语，我们编写了一个算法，用来区分那些来自同一个村庄或家族的人，让他们重新团聚。”

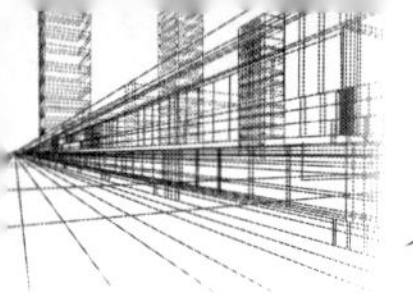

Mulqueeny 的故事生动地表明，人们能用轻易获得的数据创造出很多充满想象力和创新的用法。“数据开放才会真正有用。”她说，“隐藏的数据用处并不大，尤其是当数据需要在设备和网络之间自由‘流动’才能发挥价值的时候，隐藏起来就更没用了。”

成千上万的图层

如今，很多市、县、州都在利用地理信息系统（GIS）数据制作高精度的三维地图，以显示重要基础设施的精确位置，包括道路、桥梁、建筑物、隧道、天然气管道、地下电缆、自来水管和下水道。

“在常见的地址中，有 15％以上可能都是错的，但经过精确的地理信息编码后，99％的地址都没问题，”纽约市基金地理空间创新中心主任兼纽约市地理空间信息系统和制图组织（NYC GISMO）主席 Alan Leidner（艾伦 · 利德奈尔）这样说道。

不知道实物资产的确切位置会延误项目建设的进度（因为工人无法确定可以在哪里挖掘），阻碍灾难响应和重建工作的开展（因为救援人员不知道在哪里寻找幸存者），还会使基础设施建设的规划变得很困难（因为城市基础设施通常是分层的，必须先了解底部的东西，才能在上面展开其他建设）。

纽约世界贸易中心大楼遭受飞机撞击仅几小时后，Leidner 的团队就把大楼遗址“归零地”的图纸绘制了出来。厚厚的烟雾、极度的高温、扭曲的钢筋，以及成吨倒塌的混凝土残块使地下基础设施的精确定位变得极其困难，其中就包括大量装有 20 万磅（1 磅≈ 0.4536 千克）液态氟利昂的储罐，一旦汽化，就会产生剧毒。

“大楼倒塌时，位于其下方 50 英尺（1 英尺≈ 0.3048 米）处的基础设施也遭到破坏。”Leidner 解释道，“险情无处不在，哈德逊河一侧的海堤可能会坍塌，起火的地下油罐也不止一处。”

氟利昂储罐就掩埋在瓦砾下面，没有人知道它们与燃烧的油罐离得有多近。“氟利昂受热会变成光气，就是一种毒气。”Leidner 说，“几百名应急救援人员在火情中奋战，我们不希望出现氟利昂汽化扩散的严重局面。”

根据建筑设计图和直升机抢拍的热成像照片，绘图工作人员确定了氟利昂储罐在地下空间中的相对位置。然后，消防员将储罐和起火地带之间的区域浸上水，防止发生更严重的灾难。

今天的应急救援人员有了更精确的地图，他们对城市中每一处基础设施的确切位置都了然于胸，当然也包括那些储有易爆化学品的地下储罐。

“大多数人认为 GIS 就是地图，但在我们的眼中，GIS 集成了几百个地图数据库，如果没有集成，这些数据库只不过是受困的孤岛而已，”Leidner 说。这些数据全部可以加以分析和建模，拥有广泛的实际用途，包括新公园的规划、施工作业的支援、飓风的预测和应急响应。

在澳大利亚，墨尔本市建了一个数字化的三维开发模型，可以展示整个城市的建设进展和施工信息。各个建设项目的位置、结构细节和许可证编号都可以在模型中显示出来。只需要瞥一眼这个用不同颜色进行编码的模型，就能知道某个项目是已获批、待批准、施工中还是已竣工。

这个模型很有指导意义，值得效仿，它使所有城市建设的投资者都能更容易地掌握项目的进展和建设进度。墨尔本以此将数据可视化的应用提升到一个新的水平，令人拍案叫绝。

数据科学的兴起

10 年前，数据科学这个术语常常会使人们感到困惑，有人好奇，也有人表示怀疑，关于数据科学兴起的文章也少得可怜。突然成为一名数据科学

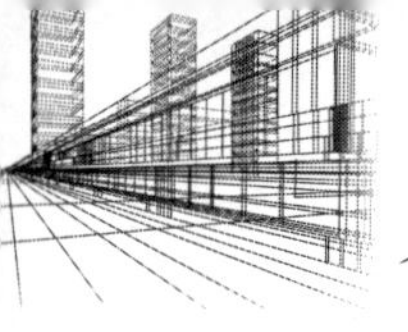

家就变成了很酷的事情，尽管没人搞得清楚这个术语到底是什么意思。至于一个人能否被称为数据科学家，更是存在着严重的分歧。

然后世界继续前进，人们找到了其他可以拿来争论的话题。数据科学渐渐退到了后台，开始在雷达方面还有些许新闻，最后就完全消失了。慢慢地，它成了一笔“大生意”。数据科学家们的名字开始出现在投资银行、经纪公司和对冲基金的工资单上。然后逐步渗入整个商业经济体系的其他行业中：旅游、物流、医疗、制药、媒体、制造和零售。

为政府服务的数据科学则是最近才显露的一种现象。我们有充分的理由相信，政府很快就会成为数据科学的领导者。

Mike Holland（迈克 · 霍兰）是纽约大学城市科学与进步中心（CUSP）的执行主任。他说，“地方政府正在将数据科学付诸实践”。

“对高质量公共服务的需求增长太快，现有资源根本无法满足。如何用更少的资源做更多的事，公用事业机关面临着极大的压力。”Holland 说，“数据科学本身并不是灵丹妙药，但高质量的数据和功能强大的数据科学产品可以帮助这些机关优化运营模式并提高合规性，让它们及早发现问题，科学地分配人力资源，在务实的基础上提高工作中的管理水平。”

除节省开支外，数据科学还可以帮助政府更好地实现三开——开门、开诚、开放。人们到政府部门办事不再必须亲自坐公交或地铁去，在智能手机上点开某个 App 就可以实现；很快，到车管所排队办理驾驶证更换业务的想法就会变得很落伍。

如果你要询问那些想扩建车库或改造浴室的房主，他们可能会告诉你，整个过程最艰难的部分是从市政厅获得施工许可证。但排队等待有关部门批准自己的游泳池新建项目或将备用卧室改造为家用办公室的方案很快就会成为历史。

数据科学带来的不仅仅是方便，它其实也是一种方法、一种手段，可以确保自己填的表不会在某人的桌面上丢失。从本质上说，数据科学为建设更好的政府提供了一种框架。

也就是说，人们对政府与数据科学之间的相互作用确实存有合理的担忧。在深圳，与面部识别系统相连的摄像头会在十字路口上方的大型 LED 显示屏上显示违反交通法规的行人的名字和照片。在某种程度上，这可能会引发一些市民的不满。但深圳也计划通过短信方式来解决这个问题，这样也会避免在路口安装很多大型的 LED 显示屏。

中国两家大公司——分别是商汤科技和旷视科技——是面部识别技术和人工智能技术合并运用领域的领军企业，它们开发的系统能够识别出人群中或是街角位置的可疑行为和异常情况。两家公司都向政府机构销售产品和服务。旷视科技表示自己开发的天网系统可以扫描人群中的面孔，通过犯罪数据库进行交叉比对，一年时间就帮助警方在全国范围内捕获了 500 多名逃犯。

即使你不是反乌托邦科幻小说的拥护者，也可以想象出一旦数据科学和尖端的监控技术相结合，会产生什么样的效应。

承认有危险当然很重要，但不被危险捆住心智也很重要。所有新技术都存在风险，都有缺点，也都有意想不到的后果。作为一个物种，我们从骨子里就认为只要努力就会成功，然而失败是常态，成功才是稀罕物。人类的乐观特质并非弱点，甚至还是我们生存的关键。

开放数据可以降低政府过度扩张的风险，但人们必须感受到自己有使用数据的能力，因为仅仅拥有数据是不够的，我们需要知道如何使用它们。

信息网络

英国一家非营利全球创新基金——内斯塔政策与研究中心的首席研究员 Tom Symons（汤姆 · 西蒙斯）是这样描述的：“地方政府就处于信息网络的

中间”“社会对脆弱儿童的照顾、垃圾的收集、采购、税收以及规划的申请，所有这一切都产生了海量的数据。”

这些数据有相当一部分非常混乱，没有条理，难以处理。数据来源太多，不仅量大，产生的速度还很快。但蕴藏在数据中的财富比红宝石、祖母绿和钻石都更有价值，而好的政府会把这些财富挖掘出来造福老百姓。

“管理一座城市很大程度上就是管理和应对信息。”Symons 写道，“大数据的确为地方议会带来了很多机会，但小型数据库同样有这种潜力……数据无论大小，只要运用得当，广泛开放，都能产生巨大的效益。”

节约用水和保护儿童

在城镇，数据分享还有利于减少用水量，更好地帮助儿童免受虐待。例如，北卡罗来纳州卡里市为全城 6 万户家庭安装了无线水表。以前是每月人工读取一次水表，每户每年只有 12 条数据，而无线水表每小时就能读取一次，每户每年会产生 8760 条数据。

新增的数据非常有用。举个例子，如果有人一晚上没关花园的浇水管，或是哪家饭店的洗碗机出现故障，市里就会发现用水异常。居民们可以用这套系统跟踪自家的用水量，还可以设置让系统在检测到耗水量异常高峰时发出告警信息。

正常情况下，这套系统一年要采集大约 5 亿条用水量数据，卡里市可以利用这些数据来确定新建基础设施项目（如水厂）的规模和工时，而不是像过去那样只能靠估算。数据科学不仅为卡里市的水表系统升级项目节省了 1000 万美元以上的开支，还有望在今后的用水量分析工作中通过科学而不是随意的方式节约更多的资金。

州政府和地方政府都在想方设法利用数据科学帮助公众和他们的家庭。

很多州的地方社会事务部门用数据科学来减少将受虐儿童重新送回（施虐）父母或监护人身边的可能性。“社会工作者会从多个系统（如教育、医疗、刑事司法和社会服务）当中提取数据，从中找出规律和关联，从而揭露不易被外行观察者发现的模式，” Jennifer Robinson 说。

深入挖掘数据使社会工作者能够让更多的孩子远离可能出现的伤害。例如，系统会把待释放囚犯的地址与儿童保护系统中的地址进行比较。如果找到匹配项，就会自动向负责保护该地区所居儿童的社会工作者发出警报。

“各市各县可以通过数据科学对精神疾病和在押犯人比率之间的复杂关系进行核查，找出童年创伤和肥胖症之间的联系，并发现无家可归现象的潜在模式，” Robinson 说。数据分析可以让社会工作者按照事情的轻重缓急安排好自己的工作，把更多的注意力放在那些风险最大的儿童和家庭上。

社会工作者正在用 21 世纪的数据科学工具和流程更好地履行自己的保护责任。他们的新式工具包包括如下几种。

- 用于发现异常行为模式的异常行为检测。
- 根据已发生威胁的特征识别新威胁的预测建模。
- 网络分析，一是通过关联行为或共同所有权将多个主体联系起来；二是识别出与风险儿童相关的个人；三是获取与他们有关的重要数据，包括犯罪史、行为健康数据和药物或酒精治疗数据。
- 高级神经网络的适应性分段。
- 每个风险因素的加权评分。
- 自动监控并持续重新计算风险水平。
- 风险阈值过高时警报引擎会通知社会工作者。
- 数据的可视化和报告工具可以方便快捷地传递信息。

运用数据科学支持社会工作者的工作需要专门的软件架构和全面的数据管理系统。“无论数据存储在何处（传统系统和 Hadoop 数据库都可以），你都需要有数据访问能力。”Robinson 说，“为了运用包括异常检测、预测建模、社交网络分析和地理空间分析在内的多种技术，你还需要用混合方法来分析数据。”

越来越多的市县开始用先进的数据科学技术（例如预测模型）来减少子女抚养费的拖欠现象。“预测分析技术使社会工作者有能力识别可能导致抚养费拖欠的情况。”Robinson 解释道，“而具备预测能力能够让社会工作者区分哪些人是因为偶然的过失拒绝支付子女抚养费的，哪些人是一贯拒绝支付子女抚养费的。”

使用数据解决社会问题的想法并不新奇。新奇的是数据的庞大规模和宽广范围，是在实验室和教室以外广泛而深入运用数据科学的前景，以及政府工作人员将数据科学融入日常工作的意愿（如图 2.1 所示）。

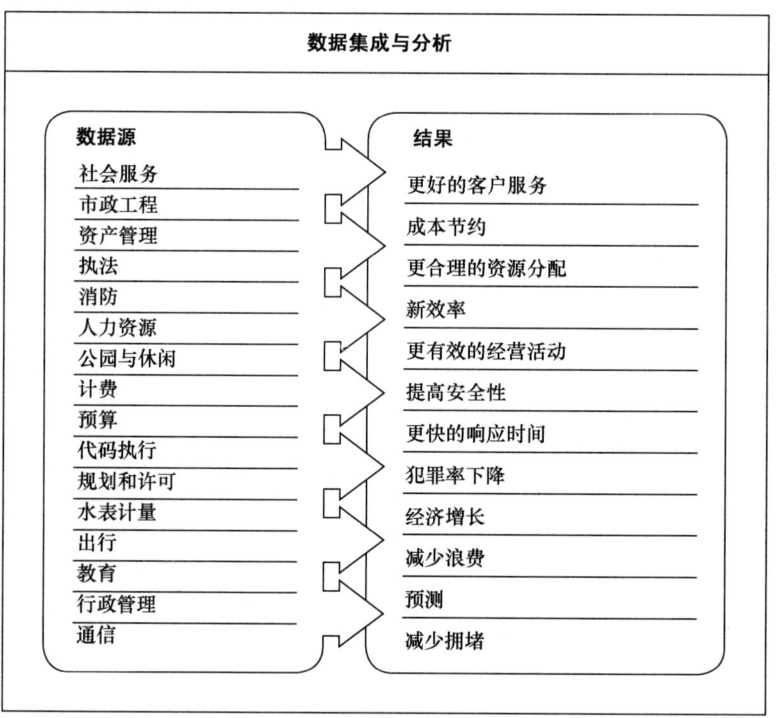

图 2.1　智慧社区会收集、整合、分析数据并解决相关问题，帮助居民过上更好的生活
来源：SAS。

数据科学家

每个领域都存在奇怪的术语。对数据科学家来说，术语大问题空间表示数据的庞大规模和复杂度超过了标准数学模型的处理能力。自动化工厂、自动驾驶出租车、天气预报、驾驶机器人太空船通过小行星带、易变质药品的次日交付以及预测气候变化的影响，都是大问题空间的例子。

所谓大问题空间，既违背了人类的直觉，又违背了传统的统计分析形式。现代数据科学领域的专业技术是必不可少的，例如，人工智能、机器学习、深度学习、自然语言处理和神经网络。

智慧城市就是大问题空间。除了警察、消防员和环卫工人，智慧城市还需要数据科学家。在未来几年内，如果没有数据科学家，任何城市都无法运作。小城市会有两三名数据科学家；大城市会拥有几千名。

数据已成为宝贵而重要的资源，智慧城市会对数据科学敞开怀抱并努力实现数据价值的最大化。数据科学不再可有可无，它将成为我们生活中的一个基本组成部分。

第3章 动感之城

假如20世纪50年代的科幻小说成为现实，那么我们大多数人现在已经靠飞行汽车和气动列车出行了，而且上班有高速步道，逛街有水平电梯，甚至还有单人喷气背包或反重力带用于短途出行。

然而，虽然我们早已跨进21世纪的大门，但仍在焦急地等待公交车，会随时陷入交通堵塞，在步行穿过闹市时还是要小心不被出租车撞到。运输方式改变了，却不像科幻小说中预言的那样。

许多最重要的变化都是看不见的。如今，城市在街道、公路和桥梁隧道安装了摄像头和传感器。路况受到了不间断监控，许多城市安装的自适应系统甚至可以实时调整红绿灯切换时间，以适应交通流量的变化。

以伦敦的“绿信比、周期和相位差优化技术”（SCOOT，Split Cycle Offset Optimisation Technique）为例，该系统会监控各种探测器采集的数据并根据情况调整信号灯变化，确保车流不会停滞。澳大利亚部署的“自适应交通控制系统”（SCATS，Sydney Coordinated Adaptive Traffic System）用途也差不多。

将几百万台传感器、GPS和先进的分析技术结合起来，彻底改变了交通出行的面貌，使城市能够用更加智慧的方式规划未来，也使目前出现的问题和危机能够更快地得到处理。

出行领域的变革吸引的可不仅仅是城市的目光。运输是一门大生意。在发达经济体中，运输和物流业的 GDP 占比介于 6% ~ 25%。“运输业所有资产（包括基础设施和车辆）的价值很容易就能占到发达经济体 GDP 的一半，” Jean-Paul Rodrigue（琼 – 保罗 · 罗德里奇）在《交通系统地理学》（*The Geography of Transport Systems*）一书中写道。

Rodrigue 还说：“高效运输可以降低许多经济部门的成本，而低效运输则会增加这些成本。”然而，在城市中，辨别哪些运输方式高效，哪些低效，从来都不是一件容易的事。

修建一条新的地铁路线会改善一些地区的经济状况，但也会给其他地区带来不便。修建一条人行道可能会使附近一部分人优先选择步行，但路边的店主可能会觉得没什么用处，除非他们的顾客会走人行道过来。

此外，大多数交通运输项目的建设时间太长了，施工过程中几乎肯定会接二连三发生各种情况。而且今天看上去很不错的项目，10 年后可能会被认为是时间和金钱的巨大浪费。

在美国，得克萨斯州曾在休斯敦花了 28 亿美元用于扩建因拥堵饱受诟病的凯蒂高速公路（10 号州际公路）。这条路现在是世界上最宽的高速公路。拥堵现象有一段时间曾经被缓解了，但加宽引来了更多的司机，情况又开始变糟，路上耽搁的时间比以前更多了。

“人们在解决迫在眉睫的问题时，往往不会考虑涟漪效应——即事件的二级、三级和四级后果，”德勤咨询公司负责创新和分析业务的 I-Ping Li（爱萍李）说。

一旦涉及新技术和颠覆性技术，涟漪效应可能会更加明显。在摄像头和各种传感器的帮助下，如今各城市的交通管控能力明显增强，有了车牌号码识别技术，对驶经拥堵区域的司机收取费用或处以罚款不再是问题，也让那些愿意花钱买速度的司机单独享用超车道成为可能。

几千家公司、组织、机构、团体提出的计划和想法肯定会将城市“淹没”。城市领导人将被迫做出艰难的选择，而他们中的许多人会发现，新技术的诱惑真的很难抵挡。

随便拿出几个方案都能产生预期的效果。当然，总有意想不到的后果，无论是好是坏。“如果人人都有先见之明，那当然是好事，”I-Ping Li 说。

拥堵定价

2003 年，伦敦开始向工作日（上午 7 时 ~ 下午 6 时）在市中心驾车的司机收取高额费用。除每天的费用（现在高达 16 美元）外，还有高额的滞纳金。

这个项目没有达到预期的效果。虽然很多人不再开私家车进入市中心，交通状况也确实好转了一段时间，但后来情况变得更糟了。

怎么回事呢？私家车是少了，取而代之的是约租车和优步（Uber）这样的拼车服务。一段时间，道路堵到伦敦人连公共汽车都不敢坐。另外，拥堵迫使更多的伦敦人骑自行车上班，这反过来增加了人们对自行车道的需求。

伦敦的拥堵定价计划也不算失败；市中心的私家车数量确实大幅减少，伦敦人也被迫重新考虑今后该怎么出行。伦敦的这个项目得到了广泛的研究。在其他一些大城市，包括斯德哥尔摩、新加坡和米兰，都拿出了自己的方案。也曾有人计划在纽约推行拥堵定价，但最终失败了，尽管它的倡导者仍然希望重振它。

伦敦关于拥堵定价的经验表明，大规模推动智慧城市项目本身就很困难。但同时也说明，即使无法确定结果和收益，但只要坚持就能带来价值。

很少有智慧城市项目能够做到一劳永逸，它们总要经过试验、优化、改进。伦敦最终会把拥堵定价这件事做好，而很多人也会从伦敦的试验中受益。

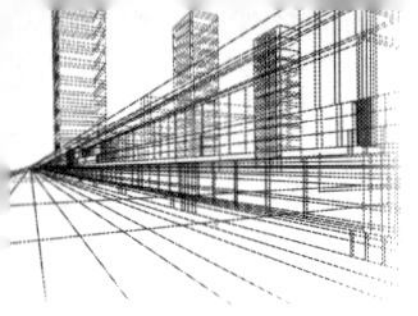

扩大机会

像优步和来福车（Lyft）这样的拼车服务其实没花多长时间就极大地改变了城市交通的面貌。但不同方面从中得到的好处不一样。例如，拼车能减少富人区的交通拥堵情况，但在不太富裕的地区以及商业区，拼车则会增加拥堵。

原因很简单：在富人区，人们只是把拼车当作一种出行的替代方案。换句话说，他们拼车的时候只是把自己的车停在家里。而在公共交通不便利且出租车较少的不太富裕的地区，拼车很快就成了经济必需品。在贫民区，拼车填补了传统交通放弃的市场空白，也使这里的居民有机会乘车到城市其他地方工作。

此外，拼车还出现在传统出租车往往不愿意去的地方。在一些城市，拼车把一些城市的边缘地区变成了近邻，为当地的就业和经济复苏带来了机遇。

“我们将自己视为公共交通的合作伙伴。”来福车政府公关副总裁 Joseph Okpaku（约瑟夫 · 奥克帕库）说，“使用拼车出行与公共交通相结合已经是许多来福车乘客的日常出行方式。”

Okpaku 说，“在纽约，1/3 以上的来福车行程的起点或终点是换乘站。“周末的行程有 23% 发生在午夜至早上 5 时。”他说，“另外，有 40% 的行程发生在纽约郊区。”这些地方贫民区的集中度要高于纽约其他地方。

Okpaku 还说，“该公司已与一些城市建立了直接合作关系。例如，我们正在与圣克莱门特和奥兰治县交通局合作，确保在两条公交线路停运后，圣克莱门特居民的出行不会中断。”

他说，这种合作关系充分表明一些郊区由于人口密度较低，很难安排固定的公交线路，而按需的拼车服务能为这些地区提供便利并提高效率。

《城市实验室》（*City Lab*）曾刊发过一篇文章《来福车出现在洛杉矶出租车不会去的地方》（*Lyft is Reaching L.A. Neighborhoods where Taxis wouldn't*），作者 Laura Bliss（劳拉 · 布利斯）总体上认同 Okpaku 的观点，拼车可以帮助欠发达地区，并为贫民区带去更多的经济机遇。虽然 Bliss 小心翼翼地避免在文章中偏袒任何一方，但还是很容易看出拼车在洛杉矶产生的积极影响。

Bliss 引用了加州大学洛杉矶分校交通运输研究所 Anne Elizabeth Brown（安妮 · 伊丽莎白 · 布朗）的一篇开创性论文的内容，"在这个全美人口密度最大的都市区，来福车几乎没有放弃任何一个社区。来福车司机为洛杉矶县 99.8% 的人口提供服务，这本身就说明没有哪个社区被系统性地抛弃。"

拼车还节约了出行时间，降低了出行成本。美国交通数据分析公司 INRIX 2017 年的一项研究表明，每位司机每年平均花费 17 小时寻找停车位。拼车可以让人们把更多的时间花在前往目的地上，减少漫无目的的驾驶时间。

"我们相信，减少对私家车的依赖可以让人们过上更丰富多彩的生活。" Okpaku 说，"从 20 世纪初到现在，我们的生活圈完全是围绕汽车建立起来的，甚至其中大多数时间，汽车根本就没移动。"

他说，"车辆的平均使用时间仅为 4%，另外 96% 的时间是停着的。停放的汽车挤占了街道和路面的空间，如果不是这样，这些空间就可以按照'以人为本'的理念重新设计，增强社区的凝聚力。"

汽车文化依旧强势

虽然像来福车和优步这样的拼车服务宣传"减少私家车保有量，把出行的首尾一英里（1 英里≈ 1.6093 千米）都交给它们"很合乎逻辑，但是私家车的时代还未结束。例如，美国的绝大多数上班族还是开车上班，只有 5% 的人会选择换乘出行。这一简单的事实也说明了为什么美国的城市很难获得公共资金用于换乘站的建设。

同时在某种程度上也清楚地解释了为什么自动驾驶汽车还未广泛普及。大量调查显示，即使驾驶不方便、不经济，甚至还有危险，但人们也不愿意放弃。人们不愿意像乘客一样坐在自动驾驶汽车里，而是希望汽车易于驾驶，易于停放。

对大多数人而言，“自动驾驶”本身就是一个非常模糊的概念，而自动驾驶偏偏又分成好多个等级，进一步增加了人们认知上的混乱。美国《联邦自动驾驶汽车政策》（*Federal Automated Vehicles Policy*）采用的是国际自动机工程师学会（SAE International）制定的自动驾驶分级标准，该学会定义的级别如下。

0 级——由人类驾驶员全权操控汽车。

1 级——通过驾驶环境为方向盘和加减速中的一项操作提供驾驶支持，其他的驾驶动作都由人类驾驶员进行操作。

2 级——通过驾驶环境为方向盘和加减速中的多项操作提供驾驶支持，其他的驾驶动作都由人类驾驶员进行操作。

3 级——有条件自动化，由自动驾驶系统完成所有的驾驶操作，根据系统需求，人类驾驶员需要在适当的时候提供应答。

4 级——由自动驾驶系统完成所有的驾驶操作，根据系统要求，人类驾驶员不一定需要对所有的系统请求做出应答，包括限定道路和环境条件等。

5 级——在所有人类驾驶员可以应付的道路和环境条件下，均可以由自动驾驶系统完成所有的驾驶操作。

车子能自动找到停车位吗

2017 年，麻省理工学院老龄化实验室（AgeLab）和新英格兰汽车记者协会（New England Motor Press Association）合作对近 3000 人开展了一次调查，结果表明，人们对全自动驾驶概念的反感程度越来越高。“近一半的受访者表示他们永远不会购买全自动驾驶汽车。”

当被要求解释为什么永远不会购买自动驾驶汽车时，大多数受访者表示会对失去控制感到不安。“其他反对理由主要有不相信技术，不相信技术已强大到可以完全放手的地步，还有受访者认为自动驾驶给人一种不安全的感觉。”

最近，世界经济论坛（WEF）与波士顿咨询集团合作，就自动驾驶汽车可能会给波士顿带来的影响做了一次调查。调查表明，自动驾驶汽车会给城市出行带来自汽车发明以来最大的变化，同时也表明，消费者主要是对避开交通拥堵和提高驾车效率感兴趣……自动驾驶汽车最大的好处就是不必寻找停车位。

接受调查的消费者表示，他们希望汽车可以执行以下三项基本任务。

1. 司机下车后，找到停车位并自行停车。
2. 驾驶员在行驶过程中可以做其他事，各种各样的事。
3. 交通拥堵时可以切换到自动驾驶模式。

有很多汽车制造商已经在自家生产的车辆中配备了不同程度的自动驾驶系统，但还没有哪家制造商能生产出自动开出展厅，还能在你坐在后排小憩时自动停进车库的全自动汽车。

学会爱上大数据

尽管消费者始终踌躇不前，但我们相信汽车技术最终会发展到自动驾驶常态化的地步。但对城市而言，最大的疑虑在于这些自动驾驶汽车会让生活变得更好还是更糟。

我们一起来想象一下，未来的早高峰时段市中心会挤满自动驾驶汽车。而车主下车后，它们会自己找地方停车。那么问题来了，车子会把“自己”停在哪里？高峰时段过后会不会出现自动驾驶汽车竞相争夺停车位的混乱局面？

其中一些问题可以从数据科学中找到答案。一辆普通汽车每小时可产生 25 GB 的数据，一年的数据量大约为 130 TB，而一辆全自动驾驶汽车一天就有可能产生 80 TB 的数据。汽车和其他车辆生成的数据可以用来建立分析模型，帮助软件开发人员和工程师构建下一代智慧城市交通系统。

“出行已经成为一个大数据问题，”开源数据分析和机器学习领域的先驱、云纪元公司物联网解决方案营销负责人 Vijay Raja（维杰伊 · 雷佳）表示，“每台车辆都配有几千个传感器，可以生成大量的数据。要不了多久，汽车产生的数据就会比汽车本身更有价值。”

该公司物联网和制造业业务负责人 Dave Shuman（戴夫 · 舒曼）认为，数据是解决智慧城市在交通领域所面临诸多挑战的关键。各城市其实才刚刚开始培养自身收集整理数据的能力，这些数据可以让它们在出行领域做出更明智的决策。

这方面的数据会有很多来源。除分析车辆和摄像机上的数据外，各城市还需要分析街道、建筑物、人行道、路灯柱、电线杆、存储箱、雨水渠、下水道盖板和空中无人机上面的传感器传来的数据。车辆与车辆之间以及车辆与基础设施之间交换的数据也在监控的考虑范围之内，这进一步增加了问题的复杂性。

“各城市会对大量数据进行整合，同时让数据成为可用的资源，”Shuman 说。很多城市和州已开始在机器学习等先进数据分析领域着手培养自己的专业能力，希望能揭示交通运行的基本模式，自动发现正常和异常情况之间的差异。例如，为了优化恶劣天气条件下对恶劣道路状况的响应速度，肯塔基州交通运输部每天要收集 1500 万 ~ 2000 万条记录，每秒要处理超过 100 万条记录。肯塔基州把扫雪机和卡车采集的数据同各种第三方来源（包括 Waze、Esri 和 HERE）的实时交通数据和天气数据加以整合，科学规划自己的除雪和撒盐路线，并对可能消耗的材料数量做出预估，每年可为该州节省几百万美元的开支。

纽约州萨拉托加斯普林斯的学校则用航星公司的预测性维护解决方案实时监控校车的运行状况，大大减少了意外故障，而且几乎完全消除了紧急拖车的情况。市政当局还综合运用远程信息处理技术和大数据分析技术来减少保险费支出。

多模式交通

智慧城市还会用大数据来优化多模式出行的体验。例如，你把车开到市中心的停车场停下来，而你的办公室还在 10 个街区的距离以外。如果天气好，就可以考虑步行或骑共享单车，如果下雨或下雪呢？最近的公共汽车站在哪里？下一班车次何时到达？当然也可以简单点，直接使用出租车或拼车服务。

智能手机上有很多 App 可以为你提供步行或导航到地铁站的路线，或显示下一班火车何时到达。但是把不同的出行方式用有效的方式连贯起来的就不多见了。群英会（Meeting of the Minds）最近发布了一份非常有用的城市换乘创新 App 名单，然页即使用这些 App，也不能为你提供无缝的多模式联运服务。

世界经济论坛预测，未来的通勤者将会使用集成主动型跨模式出行助手（IPITA）来规划出行的最佳组合方案。世界经济论坛表示，IPITA 能利用实时地图和地理信息优化多模式出行方案、订票和导航。它们将接入各大运输部门（公路、铁路和航空）的交通管理系统，出行过程中如果发生中断，IPITA 会发出实时告警。世界经济论坛预计 IPITA 会实现“一个接口，多个系统，一票在手，畅行无阻。”

智慧城市领域的一位创业家 Boyd Cohen（博伊德·科恩）表示，他希望无缝的多模式出行概念能更进一步，开发一种基于区块链技术的数字代币，在拥有智慧出行系统的城市充当货币使用。

Cohen 是 IoMob 公司的创始人兼首席执行官，IoMob 的目标是让出行领域的本地创业家和跨国公司能够在公平的环境中竞争，实现多模式公共换乘和私人换乘解决方案的无缝互联。他设想建立的“出行互联网”（Internet of Mobility）可以作为“出行即服务”模式的新型服务平台。

他写道：“IoMob 的目标是通过出行互联网协议分散城市的出行压力。”例如，出租车司机点击 App 即可接入公共区块链协议，然后就能够被开放式网络的出行用户搜索到。

IoMob 是新成立的区块链城市联盟（Blockchain Cities Alliance）的创始成员，该联盟致力于智慧城市推广去中心化区块链的应用，也说明在经过了共同努力之后，区块链技术和智慧城市技术走到了一起。从这个方面看，联盟成员都是新一代智慧城市的创业家和积极分子。

战胜自满

在《双城记》（*A Tale of Two Cities*）中，查尔斯·狄更斯（Charles Dickens）描绘了一段令人心碎的场景，一名巴黎儿童被超速行驶的马车撞死。马车的主人是一位很有权势的贵族，先是痛骂那些聚过来责备肇事马车的市民，之后仅仅向悲伤的孩子父亲扔了一枚金币了事。

从那时算起，我们已经走了很长的路——至少我们自己是这么认为的——可直到今天，出行问题的关注点往往还是如何缓解交通拥堵，如何为通勤者提供更多的出行选择，以及如何让司机更容易找到停车位。

安全问题，则常常被人遗忘。我们都害怕堵车，但相比之下，交通事故要可怕得多。“出行问题是一个以人为本的问题，”零事故愿景网（Vision Zero Network）创始人兼主任 Leah Shahum（利厄 · 沙休姆）说道。该网站是一家致力于消除交通事故死亡和伤害的非营利性组织。

“在美国，每年的交通事故会导致 4 万人死亡，几百万人受伤。我们可以采取更多措施来防止这种悲剧发生，我们相信所有人——无论是开车、步行、骑自行车、坐轮椅还是乘公交——都有安全出行的基本权利，” Shahum 说。

传统的解决方案（例如，对人行道、自行车道、机动车道和换乘站施加物理隔离）常常解决不了根本性的安全问题。一些具有前瞻性思维的社区正在打造“完整街道”（Complete Streets），对交通流加以区分，降低碰撞事故的概率和严重性。

解决现实问题有很多选择是不需要高科技或巨额投资的。控制速度仍旧是预防重大交通事故最有效的方法之一，尤其是在那种有行人和自行车的街道上。

Shahum 说，“宿命论、容忍论和自满主义这三种观点是提高交通安全水平的最大障碍。这让我想起了禁烟运动的早期阶段。当时大多数人都认为，谁都没办法戒烟，但现在回过头来看看，我们在这么短的时间里取得了多么大的成就。”

她说，“公民社会没有理由对每年成千上万的交通事故死亡人数洋洋自得。这些死亡几乎全都可以避免。纽约市 4 年前开始推行的‘零事故愿景’项目已将交通事故死亡率降低了 28%，而早在 20 年前就已启动该计划的瑞典，已将死亡率降低了一半。”

Shahum 说，“变局早已开始，虽然步伐很慢，但是很稳”。她还说，

未来，当人们回想起来，会好奇我们为什么不早点采取行动防范交通事故。

“我们不是在讨论限制人们出行，” Shahum 说，“随时随地出行是每个人的自由。与此同时，每个人都与安全息息相关，因为每个人都知道有人曾遭遇过恶性交通事故。如果我们采用系统性的方法，就能兼得安全和出行。”

货运与客运

解决出行领域面临的挑战需要在多个要素（成本、速度、效率、安全以及生活质量）之间取得适当的平衡。任何对这些变量的误算或误判，都有可能导致项目失败，浪费几年的时间和巨额的资金。

“各市、各州在规划交通基础设施时一定要把眼光放长远，事情从来都不会一蹴而就，” 密歇根州交通部主任 Kirk Steudle（柯克 · 斯托伊德尔）说。Steudle 负责管理该部门 47 亿美元的年度预算，以及近 10000 英里（1 英里≈ 1.6093 千米）的洲际公路和 4000 多座洲际公路桥的建设、维护和运营。除此之外，全州的跨模式联运项目也由他负责。

Steudle 对高度依赖混凝土和钢筋加工工艺的大型项目很谨慎，这很容易理解，然而却被底特律提出的自动驾驶电动穿梭巴士建设计划打动，要知道这座城市几十年来一直是美国汽车产业的核心和灵魂啊！自动驾驶穿梭巴士是安阿伯市一家初创公司 May Mobility 与底特律一家房地产公司 Bedrock 合作开发的项目，这个领域已呈现出科技公司聚集的局面。

乘坐 6 辆电动穿梭巴士已成为市中心一英里（1 英里≈ 1.6093 千米）公交环路上的日常风景。它们很容易汇入车流，在汽车、自行车和行人当中稳稳地行驶。“我乘坐的虽然是穿梭巴士，但它绝对会与其他司机一样对行人做出相同的反应。” Steudle 说，“这不是路试——是乘客真的可以享受到的服务。”

底特律项目的成功似乎预示着在短途出行领域推行小型自动驾驶车辆是没问题的。然而在其他城市，类似的项目失败了，主要是因为引来的乘客实在是太少了。虽然底特律这套系统针对的是在市中心工作的特定乘客，但无法保证他们在新奇感消失后依然会钟爱穿梭巴士。

Steudle 说，“不要过分痴迷于任何一种特定场景，即使统计数字看上去很惊艳。但可能会造成误导，尤其是在关注一小部分衡量指标时。例如，车辆行驶里程（VMT）是联邦公路管理局（Federal Highway Administration）的常用衡量标准。但车辆行驶里程的度量非常不稳定，会受包括燃料价格、天气、人口统计和不断变化的生活方式在内的多种元素的影响。

“有一些研究预测车辆行驶里程会降低，因为人们会用共享汽车；但也有一些研究显示车辆行驶里程增加了 4 倍，因为我们所有的空车都会上路，”Steudle 说。

就业与出行的便利性

考虑到城市存在高度的不确定性和不可预测性，为什么还特意为居民和通勤者解决交通和出行问题呢？

最常见的观点是，交通属于公益事业，为社会带来的好处是多方面且不易衡量的。

另一种观点是，交通出行是所有问题的基石——能解决这个问题的城市可以更容易地应对其他迫在眉睫的问题，如能效、公共安全、环境保护、垃圾处理和经济不平等。

明尼苏达大学交通运输研究中心的“无障碍观测站”（Accessibility Observatory）于 2018 年发布了一份详细的研究报告，对全美城市的出行便利度进行了排名。“纽约、旧金山和芝加哥都有密集的商业区和高速列车，市

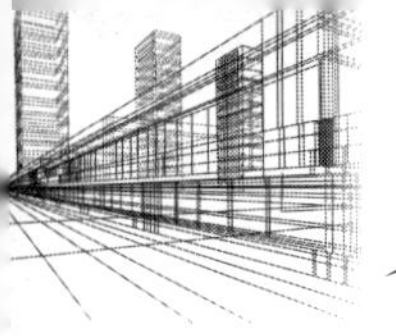

区和郊区之间的通勤毫无问题；而西雅图和丹佛这样的城市则更多地依靠频繁的公交线路和延长的轻轨服务，这也说明并不存在放之四海而皆准的解决办法，”Jason Plautz（贾森 · 普拉茨）写道。

该研究还指出，城市经济的健康运行与其通过交通提供就业机会的能力之间存在着联系。常识告诉我们，就业和交通出行之间是有联系的，但对这种联系的确切性质难以客观地加以衡量，而且可能依然是个难题。

莫里尔角的交通瓶颈

在缅因州波特兰市，有 5 条路在一个叫作莫里尔角（Morrill’s Corner）的地方相交，结果每天这里都存在空前的拥堵现象。为了缓解拥堵，该市开展了一个项目，该项目利用了卡耐基梅隆大学机器人研究所设计的雷达探测及实时交通信号系统——Surtrac。

如果成效不错，波特兰市打算将其推广到市里其他存在交通问题的地方。当然，项目的评估和完善需要时间。

“这个项目刚进入实施阶段，”波特兰市的市政执政官 Jon Jennings（乔恩 · 詹宁斯）解释说。由于该系统使用了人工智能技术，因此，需要时间来“研究”当地交通模式的细微差别和个性特点。Jennings 对此很乐观，也感受到了试验的价值，“我很高兴我们是全州最先安装一体式交通信号系统的城市，我坚信它一定会发挥作用。”

波特兰是一座小城市，也是一座历史悠久的海港城市。库欣岛（Cushing’s Island）、斯特劳德沃特（Stroudwater）、罗斯蒙特（Rosemont）、内森角（Nason’s Corner）、朗特角（Lunt’s Corner），还有莫里尔角等地方都在波特兰市。

缅因人对新技术情有独钟，他们也很享受那种远离流行趋势却又传递风潮的感觉。至于新系统究竟能不能缓解莫里尔角的瓶颈效应，他们仍保留自己的判断。

但是，他们非常清楚自己率先进入了公民参与的新阶段。如果系统成功，缓解的不仅仅是交通堵塞，碳排放会降低，空气会更清新，城市也会更宜居。作为缅因州的旅游圣地，波特兰市会继续保持“古色古香的新英格兰社区”的城市形象。

波特兰市也建议其他城市和小镇尝试类似的项目。从这个层面看，在漫长而艰辛的旅程中，这是一个规模虽小却意义重大的进步。

交通和出行问题本身就是难以解决的复杂问题，但这个问题曝光度又太高，也就是说，想装作看不见都不行。人们来到一座城市的第一印象在很大程度上会受到出行质量的影响。智慧城市一定要投入必要的时间和金钱，给人留下积极的第一印象。

第 4 章
吸引力

“智慧城市是懂得学习的城市。”全球未来集团（Global Futures Group）董事长 Jerry MacArthur Hultin（杰里 · 麦克阿瑟 · 赫尔延）这样说道。该集团从事咨询业务，专门为各市、各州、各国，当然也包括其他公司开发和管理智慧城市项目。通过收集分析建筑物、街道、机器和人产生的数据，智慧城市提高了自身的学习能力。这些数据还帮助人们获得了发展机会，提高了生活水平。

Hultin 说：“智慧城市要以人为本，要懂得适应和发展，要满足城市居民在住房、安全、就业、食品、教育和娱乐方面不断变化的需求，还要给人们带来归属感和接纳感。”

Hultin 还说：“智慧城市要努力塑造和掌握自身的命运，要靠吸引更多的人才来与其他城市竞争。智慧城市不应该仅仅是智慧机器、智慧数据网络、智能电网和智慧交通系统的载体，还应该是所有智慧人士的港湾。”

就经济发展战略而言，未来城市所追求的东西与如今的城市基本上差不多，但除了大公司和大联盟运动队之外，优秀、出类拔萃的人才也将成为它们的争夺对象。虽然公众的自豪感和可炫耀的资本会起到很大的作用，但最根本的动因依然是能让人挣到钱。智慧城市的经济发展离不开智慧人

士，要靠他们经营新的生意，要靠他们发明新的技术，要靠他们发现新的治疗疾病的方法，还要靠他们设计漂亮的建筑物。智慧人士才是智慧城市的真正资本。

Hultin 说："真正具备创新意识和可持续发展能力的城市需要大量有智慧的人来做聪明事。"他还说，"城市需要用'智慧'的基础设施和技术来吸引和留住最优秀的人才。学不会'智慧'的城市会慢慢落在后面，直到最终消亡。"

品质的竞争

为鼓励人们探索智慧城市的建设之道，业内举办了各式各样的比赛，如美国运输部的"智慧城市挑战赛"、加州大学伯克利分校的"全球社会资本创业大赛"、电气和电子工程师协会的"智慧城市大型挑战赛"、加拿大的"智慧城市挑战赛"以及"智慧城市未来挑战赛"，这些比赛大都拥有很高的知名度和权威性，有些甚至还有巨额奖金。比赛也因此成为城市之间相互交流、分享经验的大舞台。

亚马逊第二总部（#HQ2）的选址工作做得热闹非凡，间接推动了智慧城市概念的发展，各城市也纷纷对自身的智慧城市条件进行盘点，努力改善各项指标，希望能在竞争中胜出。2015 年，印度城市发展部启动的"智慧城市使命"计划，对于推动印度各大城市从 21 世纪的角度审视自身的独特优势并重新制定未来的成功标准也产生了类似的有利影响。

这些比赛不仅激发了各城市的斗志，还给具有相同激情和目标的人提供了交流互动的机会。有人对这种比赛很不以为然，也有人认为这只不过又是一种拙劣的营销手段而已[1]，持有这种观感很容易，但重要的是我们要记住，当今世界的主要产业（如航空航天、汽车、信息技术、媒体和娱乐）几乎都有举办比赛或类似活动的悠久传统。获胜者不仅会获得认可和奖金，所有参与竞争的城市也会从中受益，毕竟在整个过程中它们都对自身的情况进行了深入的分析和总结。

人们对智慧城市建设的兴趣也催生了数以百计的各种会议、展览、峰会、研讨和论坛。这样的比赛和活动不仅为智慧城市建设增添了动力，制造了紧迫感，还引起人们的广泛关注。

无论是否获奖，获得的关注度都会产生积极影响。各城市会更深入、更仔细地分析自身的优缺点，用新的标准给自己打分，在与现代公民和服务对象有关的问题上向自己提问。

各城市不再用纯粹的经济术语定义自己的成功，微积分也变得更加微妙和精确。它们开始审视自己，也提出了一堆新的问题。

- 我们的能效好不好？
- 我们的重建能力又如何？
- 我们是否已准备好应对各种各样的威胁和挑战，无论是风暴、洪涝和火灾，还是网络犯罪、传染病和机器人的崛起？
- 我们是否有足够的适应性、灵活性和敏捷性？
- 我们的服务对象是否感到快乐、健康和安全？他们对自己的生活是否满意？

参与竞争的门槛越来越高，难度也越来越大。为什么这一切发生在现在？到底是什么在推动智慧城市向前发展？影响、驱动和推动智慧城市向前发展的因素成千上万，但从我们的角度来看，主要有以下三大驱动因素。

1. 过度竞争的全球市场。
2. 迅速减少的资源总量。
3. 下一代数字原生代不断变化的追求。

Hultin 说：“摆在我们面前的是城市品质的竞争，”他还说，“各大城市

正在认真考虑如何让自己变得更智慧、更干净、更安全、更宜居。能效、可持续发展和适应能力都是它们需要深入研究的问题。它们也想知道应该如何赢得与其他城市的竞争，吸引和留住最聪明、最有才华的人。”

击打羽绒床垫

Hultin 不是一个感伤的幻想家。他曾在美国海军服役，参加过越南战争，解甲归田后进入耶鲁大学法学院深造并顺利毕业。克林顿夫妇都是他的同学，而且在之后的二十多年里一直是好朋友。1997 年，克林顿总统任命他担任海军部副部长，他是美国海军部权力排名第二的文职官员。

Hultin 在海军部负责海军诸多信息技术部门的整合工作，为海军和海军陆战队打造了一张统一的内联网。他的工作面临着巨大的挑战，问题涉及的范围和严重程度远超常人的想象。

“海军部如同一家大型企业，大约有 80 万人，400 个广域网，每个网络都有自己的管理员和应用程序，算下来有大约 10 万个应用系统需要管理，” Hultin 回忆。

网络之间的通信也非常困难，比如，一个网络运行 Excel，而另一个网络运行 Lotus 123，这使应用程序的更新维护和用户培训都很麻烦。

于是海军招标，并与一家美国电子数据系统公司（EDS）的私营企业签订了合同，以解决混乱局面，建立统一的内联网。Hultin 援引曾在 1913—1920 年担任海军部助理部长的前总统富兰克林 · 罗斯福（Franklin Roosevelt）的话来描绘所面临挑战的本质：

在海军服役时，改变任何东西都与击打羽绒床垫一样。你先用右拳打它，再用左拳打它，直到打得筋疲力尽，最后发现床垫还是与击打之前一模一样。

罗斯福总统也没想到 Hultin 会如此坚韧不拔。如今，海军陆战队内联网（NMCI）项目不但已经完成，而且已成为全军的典范。Hultin 的工作还带来了一个始料未及的好处：大幅提高了海军的信息系统重建能力。他说，“这种能力使‘9 • 11 事件’之后海军信息系统的恢复速度要比其他军种快得多”。

省一百万 = 赚一百万

Hultin 在大型多层次复杂项目（如 NMCI）管理领域的第一手经验使他自己对智慧城市面临的挑战和机遇有着独到的见解。举个例子，Hultin 说，“五角大楼在人力资源、财务、后勤和设施维护等后勤运作方面的开支大概占 2000 亿美元。应用人工智能和自动化技术可以使开支降低 30%，决策速度提高 100 倍，”他还说，“以此类推，如果在纽约采取同样的一些措施，本来约 850 亿美元的年度预算就可以节省近 250 亿。这样我们可以大幅减少后勤运作的开支，将更多的财政所得投向住房、教育和心理健康。这就是智慧城市的运作方式。”

通过压缩事务性开支来增加民生投入的想法并不新奇。不同的是，现在通过人工智能和自动化技术进行裁员，减少官僚作风以及简化复杂的手续能够节约一定规模的资金。

即使科技暂时还无法取代一些工作岗位，它也能代替人完成很多繁杂的日常事务，而且所需的时间和人力都比以前更少。曾经需要几百名工作人员的城市行政机构未来只需要几十名就够了，而且原先要几天甚至几周才能答复和批准的工作在未来只需要几分钟，最多几小时就能完成。

为了节省开支，很多承担重复性劳动的工作岗位也可以大幅压缩甚至完全取消。在理想情况下，节省下来的资金可以投放到那些机器代替不了的高技能

职业和需要长期同人面对面交流的岗位上（如教学、护理、咨询和警务），当然，也包括那些随着智慧城市经济体系的演化和成熟即将出现的全新工种上。

智慧城市有可能创造出足够多的新职业来填补被自动化技术淘汰的诸多工作岗位。而新职业毫无疑问需要更高级的工作技能。例如，会编写软件代码、能分析电子表格、有创造性思维、会操作复杂的信息系统，既能独立工作又能在必要的情况下以非传统方式或在虚拟空间中融入团队协作。

具备上述技能的员工将会从雇主那里得到优厚的待遇。但是，出于各种原因，几百万工人将无法通过再培训重新融入现代化的复杂经济体系，这要怎么办？他们将如何在智慧城市中生存、发展并找到自己的幸福？

公平地说，在大多数城市里，由私营企业提供的工作岗位要远远多于政府部门，因此，裁减政府工作人员并不会引发大规模的失业潮，也不会出现大范围的经济困境。但是，对那些失去工作岗位的个人以及他们的家庭来说，这的确很痛苦。

那么智慧城市将如何应对失业带来的负面影响呢？回答这个问题并不容易，也不存在能让人甘之如饴的解决办法。很明显，我们的基础教育学校（从幼儿园到高中）需要重新设计课程，使计算机科学成为所有学生的必备技能。而城市本身，则必须加大力度为主动或被动转行的公民提供经济实惠甚至完全免费的模块化职业技能认证培训。

同时，各城市可能要为更多的公民提供免费或廉价的医保，因为大多数人在失去工作时也会失去医保。在教育和预防医疗领域，最智慧的城市将会大力推行 PPP 模式，提供教育和预防性保健等新型互助模式，为人民的健康保驾护航。

“保姆国家”

智慧城市意味着必然会采用数以百万计的传感器和大量的摄像头，如果没有这些，就不会有相应的网络互联和实时信息分析，智慧城市根本无法成型。

即使初衷好得不能再好，智慧城市也不得不接受人们的批判，批判它们正在演化成“保姆国家”，因为在某种程度上它们别无选择，只能更好地保护它们的市民。已经失业或一直担心自己会失业的人往往会有深深的焦虑感和挫败感，如果得不到恰当的治疗，这种心态会毁掉他们的生活和家庭。

对于这类问题，智慧城市要提前预见并通过实际举措帮助市民渡过难关，防止个别问题演变成严重的公共安全威胁。

随着监管的持续化和常态化，相应的问题也必然会出现，建设中的智慧城市一定要未雨绸缪，提前做好应对措施。组建专门的委员会或类似机构对各城市而言正当其时，委员会的成员应该尽快开始着手制订新的政策、规章和法律，这个过程会非常漫长，但它将防止智慧城市变成无所不知的《偷窥》（*Peeping Tom*）中的“偷窥狂”。

扁平组织和循环经济

智慧城市将利用技术、数据科学和 21 世纪的治理原则来帮助人们过上更美好、更健康、更幸福的生活——这是我们的梦想。将这些愿景变为看得见摸得着的现实，则是我们每一个人的任务。宏图伟业不应当由政治家、银行家和科技巨头以自上而下的方式主导，它应当忠实地反映现代社会的特征，因为与工业时代的社会相比，现代社会更扁平，人与人之间的关系更平等，社会阶层的划分也没那么严格。

与大多数现代社会一样，智慧城市比传统的城市更宽松、更灵活，具备更强的自我组织能力。智慧城市完全可以鼓励建立一种高度重视创新和个人责任感等特征的文化。智慧城市的居民完全可能与原始社会的猎人和采集者

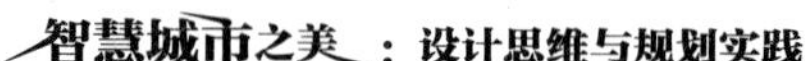

有更多的共同点，而与生活在严密组织的农业或工业社会中的人大相径庭。

勇敢的先民们是怎么生活的，我们只能靠猜测，也许他们会把捕获到的猎物或采摘来的果实吃得干干净净。相信智慧城市的居民在资源利用方面也会和他们一样，将手上的资源回收利用到极致。

在传统的经济发展模式（获取—使用—丢弃）中，人们乐观地以为空气、水、木材和矿产等基本资源是取之不尽，用之不竭的，他们完全不知道回收再利用发展模式为何物。然而，未来的城市会更像空间站，封闭的系统加上有限的资源。“获取—使用—丢弃”必将成为历史，取而代之的是“获取—使用—回收”。

如今，大多数城市仍旧像怪兽一样吞噬着大量的物质和能源。而智慧城市将奉行循环经济的理念和做法，艾伦 · 麦克阿瑟基金会（Ellen MacArthur Foundation）和美国绿色建筑委员会（US Green Building Council），还有其他一些关注可持续发展、气候变化和日益严重的环境威胁的组织都在推广这一模式。在《变废为宝：创造循环经济优势》（*Waste to Wealth: the Circular Economy Advantage*）一书中，作者 Peter Lacy 和 Jacob Rutqvist[2] 把循环经济战略描述为主动将对化石燃料、净水、木材和贵金属等有限自然资源的浪费和毁灭性消耗与经济增长脱钩。

根据他们的计算结果，自工业革命以来人类一直乘坐的线性增长战车正在缓缓停下来，很快便会挂上倒挡。他们预计：有限的自然资源供需之间的差距正在逼近 80 亿吨大关，这一差距意味着 2030 年前经济增长会损失 4.5 万亿美元，并在 2050 年前增至 25 万亿美元。

如果计算无误，那么大多数人很快不必担心资源的过度消耗了，因为很快就不会有多少东西可以消耗——剩下的资源，价格将会一飞冲天。对“获取—使用—丢弃”经济模式的依赖已经把我们带到了悬崖的边缘。我们可以像旅鼠一样跳下去，当然也可以走一条不同的路。[3]

循环和共享经济将使智慧城市迈进可持续增长的新时代。例如，循环经济的核心原则是利用服务取代产品作为经济活动的主要产出。除严格执行回收再利用政策外，智慧城市也会成为一系列新服务的创新者和发明者，如让多人共用汽车、公寓和电动自行车的共享经济。

智慧城市致力于服务创新的发展有很多理由，其中包括以下 3 个。

1. 服务业消耗的物质资源更少。

2. 创新可以铸就智慧城市的核心实力：吸引聪明且富有想象力和创造力的人才。

3. 接下来的几十年或是比这更早，几乎所有的制造业岗位都会由下一代工业机器人替代，它们将比现在的工业机器人更小、更轻、更智能、更灵活，当然也更便宜。那些关于制造业就业岗位会回归的言论可能会土崩瓦解，因为大部分就业机会根本不会回归。凡是需要执行重复任务的工作岗位可能都会自动化，也就是说，干这些活儿的会是机器人，而不是人类。

使用机器人必将成为建筑业和制造业的常态。机器人会替我们维修大街小巷的桥梁建筑，它们会成为人们眼中常见的景象。机器人会操作机器、检查公共基础设施、修复坑洼的路面、清理下水道等。在日本，机器人已经可以照顾老人了。

机器人将成为可以替换的商品。人们会在郊外或工业区生产组装机器人，运往城市，交给那些创意十足的城市居民编程。机器人身上最宝贵的东西是程序，而不是金属或塑料制成的零件。总之，最重要的是机器人将如何保障和提高城市居民的生活质量。

工作的未来就是城市的未来

为机器人编程或为机器人谋划新职位会成为一种创造性的工作。这种工

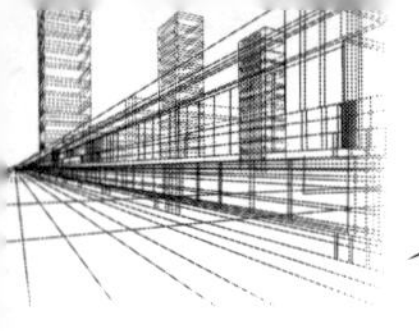
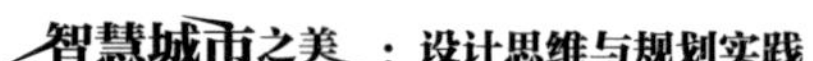

作不会在工厂或实验室里进行，而是在全世界各个城市的共享工作室里如雨后春笋般的涌现。共享工作室将成为新兴智慧城市最重要的一道风景。

Hultin 说，“城市里有太多聪明的人在到处寻找可以坐下来办公的场所。共享工作室将会得到智慧城市的大力支持，它们可以变成初创企业和新行当的孵化器。”Hultin 还说，“有才华的人需要那种能让他们感到舒服的地方，这种地方应该推崇多元化，不会因为与其他人不一样而被人指指点点或是排挤打击。”

想要从 21 世纪的全球经济竞争中胜出，绝对少不了有天赋、有干劲、有创造力的人才，而鼓励发展共享工作室和创业孵化器似乎正是各城市吸引这种人才最简单的方法。

Hub@GCT 是曼哈顿中区纽约中央车站附近一座占地 50000 平方英尺（约 4645 平方米）的多功能创新中心，我们在这里的一间小型会议室采访了 Hultin。Hub@GCT 于 2016 年投用，专门为成长阶段（种子轮之后，以及 A 轮和 B 轮融资期间）的软件公司以及所谓的城科公司提供共享工作空间。这里有着类似“当硅谷遇上普林斯顿大学”的氛围——惬意无止境，酷眩无边界，青春无终期，想象无极限。

我们问 Hultin 未来的工作和社交场所会是什么样，他环顾四周说，“就像这种地方。”

Hub@GCT 是纽约市经济发展公司（New York City Economic Development Corporation）下属的纽约城科公司 （Urbantech NYC）打造的几个样板项目之一。根据网站介绍，纽约城科是一个综合性的创业生态系统，在打造可持续城市、弹性城市和宜居城市领域是创新的催化器和创业的大后方。它的目标是争夺人才和资源，提供透明度和流动性，在全球范围内推广纽约在城市科技领域独一无二的创造力。

凭借悠闲的氛围和禅意的装饰，Hub@GCT 充分体现了时代的思潮。

但是，如果真有一个地方可以称得上是城市共享工作空间运动的摇滚明星，那就是 WeWork。

WeWork 在美国的 23 座城市和另外 21 个国家管理着总共约 1000 万平方英尺（约 92.9 万平方米）的办公空间，公司市值大概为 200 亿美元。Wired 网站资深作者 Jessi Hempel 是这样描述的："可以把它与 Palantir 和 SpaceX 放在一块儿，都是 Airbnb 和 Uber 之后美国最受尊敬的科创类私营企业。"

WeWork 由 Adam Neumann 和 Miguel McKelvey 于 2010 年创立。两位创始人都对共享空间的物理属性以及心理属性有着深刻的领悟——Neumann 在以色列一座集体农庄长大，而根据《福布斯》（*Forbes*）杂志上的人物介绍，McKelvey 是在俄勒冈州尤金市一家由 5 位母亲创办的公社里长大的。在创立 WeWork 之前，两位创始人曾在布鲁克林最前卫的 DUMBO 艺术区创立过 Green Desk 公司，是一家生态友好型的共享办公空间。

WeWork 的商业模式或许算是一种用来开发疲软的城市房地产市场极其聪明的方式，但这并不是重点。WeWork 很聪明，也很精明，但它的成功其实取决于两位创始人对数字技术和社交网络的兴起如何从根本上改变工作性质这一关键问题的敏锐领悟。WeWork 的设计和布置让人感觉更像是生活空间，而不是办公空间。

典型的 WeWork 空间给人的感觉像是兄弟会或姐妹会的居所，配有漂亮的现代家具、雅致的地毯和悉心照料的植物，当然也有 Wi-Fi 和前台。对于那些讨厌传统办公室的人来说，WeWork 简直就是天堂，这里有新鲜水果，有手磨咖啡，还有精酿啤酒。即使那些在郊区工业园有着巨额投资的大型企业现在也在将它们的工作人员转移到市区的共享办公空间。

当然，这么做也有财务上的考虑。与传统私人办公室的租金相比，在 WeWork，一家拥有 4 名员工的创业公司或小微企业平均每年能节省 18000

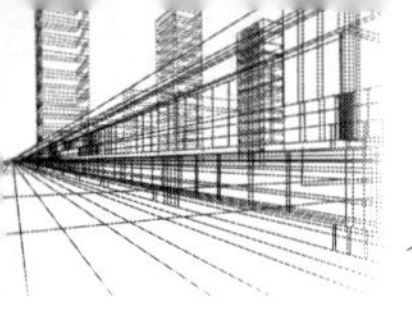
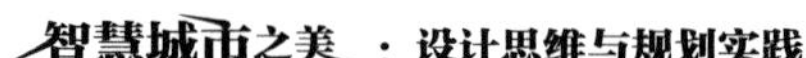

美元。根据该公司的博客，创业公司或小微企业在 WeWork 的三年生存率比同行高出 12%。

该博客还引用了一份 Emergent Research、Office Nomads 和 Global Coworking Unconference Conference 等机构就共享工作空间问题进行的调查报告，该报告称，有 84% 的受访者表示他们在联合办公时更投入，也更积极；有 82% 的人表示联合办公帮助他们扩大了专业圈子；有 67% 的人表示联合办公提升了他们在专业领域的成功率；还有 69% 的人表示他们自加入共享工作空间后感觉更成功。

共享工作空间在情感方面也有好处，缓解了很多城市居民的孤独感。调查还显示，有 89% 的受访者表示他们更开心；有 83% 的人表示他们不再那么孤独；还有 78% 的受访者表示联合办公能让他们保持理智。

人才转型

从 McKelvey 的角度看，“自我的十年”已经演变成“我们的十年”——这是一个人们聚集在一起协同工作的时代。城市将在社会转型中发挥重要作用，WeWork 等公司将自己视为全球范围内变革的推动者。

不断变化的人口统计数据已经将城市的千禧一代凝聚成了一股自然的力量。看起来 WeWork 对讽刺和机遇都很清醒。下面是该公司网站登录页面的简短摘要：

2007 年是人类历史上城市人口超过农村人口的第一年，到 2050 年，城市人口会超过全球总人口的 70%，到 2020 年，大部分人才会是千禧一代。我们将在哪里生活？在哪里工作？在哪里娱乐？

人们正在涌入城市，寻找自己的圈子、自己的目标和自己的工作机会。

人们对新的工作和生活方式产生了宏观的转变——他们只关心有意义的关系和成为更强大的自己。

WeWork 正在掀起巨大的变革浪潮。城市正在成为世界经济的主要引擎，大部分人口很快都将生活在城市中。经济和人口变化的趋势不可忽视。无论是否准备好，我们的地球都正在变成一颗城市星球，一个大部分都是城市的世界。

在这些城市中，最好的城市也将是最智慧、最有适应能力的城市。未来，耀眼的城市都懂得倾听自己的市民的心声并向他们学习。技术和数据科学将会用来不断提高市政工作的质量。借助非凡的吸引力，它们将迎接最有创新精神，也最富创造力和想象力的人。

“智慧城市将成为人们就业、养家、创新、创造和享受生活的新世界。智慧城市不仅要维持自身的优势，还要重塑自己的命运，在为市民提供必要的成长资源的同时，尽可能广泛地分享他们的知识。智慧城市的核心是懂得如何改善市民的生活质量。智慧城市时代，人类作为物种不仅能够生存下来，在未来还能够继续壮大下去，”Hultin 说。

尾注

1. 1927 年，查尔斯 · 林德伯格（Charles Lindbergh）在大西洋上空的独自飞行被许多人视为宣传噱头，但他确实改变了航空业的形象，把它从公众的狂欢变成了实用的工具，为跨大西洋的商业航班奠定了基础。

2. 《变废为宝：创造循环经济优势》，作者：Peter Lacy 和 Jacob Rutqvist。

3. 我们正在防范将智慧城市建设成为“范式转变”的冲动，这个词已

经被人们用滥了，本意也常常被人曲解。“范式转变”是真正的革命，意味着传统事物被新生事物彻底取代。相对论和量子力学的发现才是真正的“范式转变”。

第 5 章
设计以人为本

所谓“设计以人为本”，这里指的是产品和服务的规划设计一定要贴合人们可见的需求和想法。贯彻以人为本的规划设计理念，首先要能预见人们面临的问题（如打车、就医、就职），然后再回过头来想办法解决问题，自始至终都把用户放在心上。

“科学狂人”的情况正相反：实验室里的孤独天才、午夜诞生的惊世发明、毫无危险意识的世界。

以人为本的理念与设计思维、业务规划和敏捷开发很相似，同样注重结果，同样会对分步实施的传统方式产生影响。

以人为本的理念与其他方法最大的区别是前者非常注重用户体验。

智慧城市不仅会用这种理念取代传统的工作模式，将市民的利益放在官员、政客和特殊利益集团之前，还会用同样的理念处理问题，不断改善城市提供的各项服务。

实践以人为本的理念，首先是要仔细研究人们在现实生活中的行为模式，然后围绕他们的需求规划相应的服务。整个过程是这样的：制定方案，评估效果，如果未达预期，就要迅速整改。在这种理念的指导下，工作的创新和改进永不停歇，永远都是进行时。

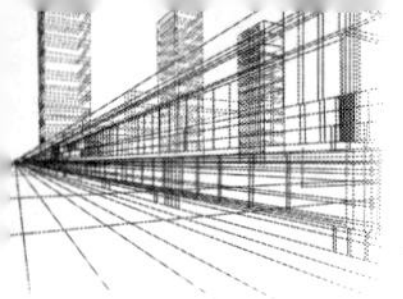

在 Matt Klein 眼中，以人为本的理念有助于实现“循证决策”和“合理资金安排”。

Klein 现在纽约市长手下担任纽约城市机遇办公室（NYC Opportunity）执行主任，也是城市运营办公室的高级顾问。纽约城市机遇办公室的任务是在城市建设项目中广泛运用现代化的研究工具、数据科学和规划艺术减少贫困，扩大公平。

他说，“我们希望把资金投向效果好的项目，放弃没有效果的项目”。他还说，“实现目标离不开深入的研究、严格的绩效管理、不间断的评估和铁的纪律。坐在桌旁高谈阔论不是不可以，但很多想法根本达不到预期的效果。我们的方法可以从真人的角度出发，掌握真实的情况，拿出真正的解决办法。毫无疑问，对数据的思考和运用对我们的工作很有帮助。”

迎难而上

就服务的规划、测试和改进而言，直觉和预感已成为过去，以人为本的理念才是智慧城市永恒的帮手（如图 5.1 所示）。注重观察和数据，而非传闻和猜测，才是解决问题的科学方法。

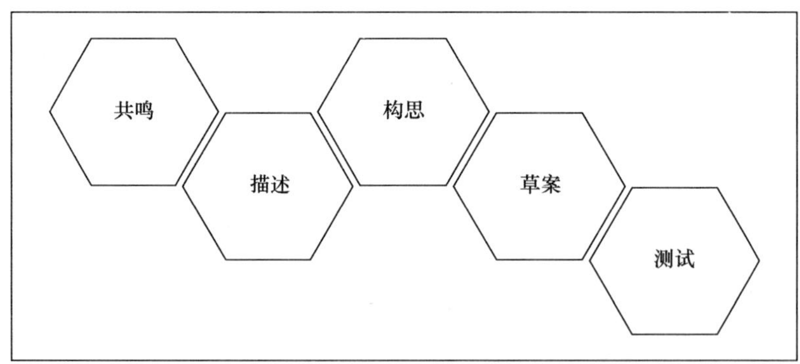

图 5.1　设计思维的几大步骤

来源：斯坦福哈索 • 普莱特纳设计研究院。

在纽约，Klein 团队的任务主要是解决传统办法解决不了的难题。例如，如何帮助贫困学生完成大学学业向来是地方政府普遍面临的棘手问题。

“相比而言，上过两年大学的人更不容易受穷，所以我们希望学生们都能顺利读到毕业。但是，初代大学生（指一个家庭的第一代大学生）因贫困辍学的概率相当高，”Klein 解释说。

纽约市早在多年前就采取了一系列旨在大幅降低辍学率的举措。其中最成功的是纽约市立大学设立的“学业联合促进计划”（ASAP，Accelerated Study in Associate Programs），该计划用了各种办法来帮助学生完成学业，其中包括额外的辅导、私下建议以及课业上的帮助。有些办法甚至更简单，如免除学费和免费乘坐公共交通工具，以减轻他们上学的负担。

“学业联合促进计划”的完善并非一项随机事件。“这项计划最早是在 1000 名学生身上进行的试验。我们开展了各种各样的评估工作，包括一项随机的对照试验，对其中部分学生进行了干预，对其余学生则没有进行干预。”Klein 回忆说，“最终数据出来后，我们发现，这项计划使大学的毕业率增加了一倍。在此基础上，我们对计划进行了扩容，学生数量从 1000 增加到近 25000。”

融入行为科学

2016 年，纽约市城市运营办公室与一家叫作 ideas42 的行为设计公司联合成立了一支“行为设计小组”（BDT，Behavioral Design Team），这还是纽约自建市以来的第一次。“我们从行为科学中汲取经验，制定了很多花费不大但规模可大可小的干预措施，”Klein 解释道。例如，行为科学表明，人们保住已有东西的渴望比得到新东西的愿望更强烈。“这种心理称作‘损失规避’，是人类行为的本能，我们可以利用这种心理来帮助人们免受损失，”

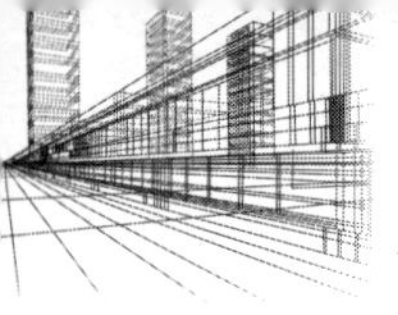
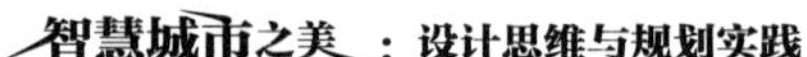

Klein 说。

比如，每年填写《联邦学生援助免费申请表》（FAFSA）都是一件既麻烦又耗时的事情，但如果你想获得大学的经济援助，就不得不填，而且每年都要填。大多数高中会向填表有困难的学生提供帮助，但上了大学之后，他们就应该自己填。于是问题来了：有很多学生没有填表，于是他们失去了经济援助并导致辍学。

为了提高纽约市立大学三大校区的 FAFSA 填表率，BDT 实施了一项干预计划，并对结果进行了认真的调查和考量。 三大校区的填表率都有所提高，曼哈顿社区学院填表的学生人数增加了 38.18%，布朗克斯社区学院增加了 19.79%，霍斯托斯社区学院则增加了 28.06%。根据结果，纽约市立大学决定在全市大多数两年制社区学院推广该计划。

纽约市政府也想了很多办法防止“补充营养援助项目”（SNAP，Supplemental Nutrition Assistance Program）的受益人失去这项福利。“按照 SNAP 的要求，受益家庭必须定期核验资格，如果没有核验，受助资格就会取消。重新申请是一件更麻烦的事儿，也增加了城市的管理成本。”Klein 解释道，“与此同时，那些家庭就只能眼睁睁地错过这个项目。”

据有关部门透露，BDT 为此又实施了一项干预措施，安排了 20000 名 SNAP 受益人参与试验。试验结果表明不仅申请失败率降低了 5.5%，在重新核验期前 45 天内填表提出申请的比例还增加了 12.9%。

“流程也好，计划也好，服务也好，规划和内容中的一点点差异都足以影响人们要不要下决心做。”Klein 解释道，“行为科学的运用不仅见效快，成本还不高，完全可以拿来改善计划和政策的实施效果。”

城市可以用短信或电子邮件发送定制的“推送消息”给申报补充营养援助项目快要过期的家庭，提醒他们重新核验。“我们进行了 A、B 两组测试，给一组居民发送的是正常消息，另一组则是不同的消息。同样，我们严格进行了随机对照试验。”Klein 说，“在某些情况下，我们不会启动新的或耗资过大的干预措施，只会重写一条消息或用其他方式再通知一次。结果，参加重新核验的比率上升了。”

“行为设计小组”最近还与纽约消防局（FDNY）开展了一次合作，以扩充其人员多样性。小组安排了一次随机对照试验，观察免除报名费能不能吸引更多不同背景的人报名参加消防资格考试。

这次试验的范围不大，但结果表明，免除报名费使申请参加考试的人数在整体上增加了 36.7%，其中女性参加报名的数量增加了 83%。

数据和规划结合

纽约市政府在 2017 年与私营部门合作成立的市政服务规划设计室（Service Design Studio），正是以人为本的理念向着制度化迈进的重要一步。设计室的经费来源于市政府以及花旗集团下设的花旗社区发展中心，花旗一直以来致力于在全美范围内帮助那些得不到足够服务的个人、家庭和社区获得金融上的支持，增加他们的经济实力。

设计室里均为有规划设计专业背景的雇员，安排项目的时候有权协调全市的资源，这样一方面能获得市政府其他机关的配合，另一方面可以动员纽约城市机遇办公室的全部人力资源，包括产品经理、软件开发人员、业务分析师、内容分析师和驻社区联络代表。

将以人为本的原则整合进城市项目和计划中并非易事；但是这次不一样了，设计室的箭袋里有一支“凤尾箭”：数据科学。

设计室不仅要以设计师的视角开发功能完备、安全可靠、美观大方的 App、网页和在线表单，还要在真实环境中测试它们到底能不能用。产品发布后，设计室还要不断地收集数据、监控性能、查找问题，该调整就调整，该更新就更新，确保其始终处于最佳状态。

“我们几乎是实时盯着数据，查看系统到底运行得怎么样。”设计室首任主任 Ariel Kennan 说道，“每次我们对产品进行调整，都相当于做了一个轻量级的原型产品，还对其进行了测试。除了系统的测试数据之外，我们也从每一位最终用户那里获得反馈。”

设计室编写了一本名为《方法与策略》(*Tools & Tactics*)的指导手册，把工作中的经验教训充分梳理了一遍，完全可以作为市政府其他机关开展规划设计工作的参考(如图 5.2 所示)。按 Kennan 的说法，这叫作“我们给工具箱添加了不少工具。”设计室也常常为其他机关的设计和研发人员举办实践层面的研讨会和类似活动。

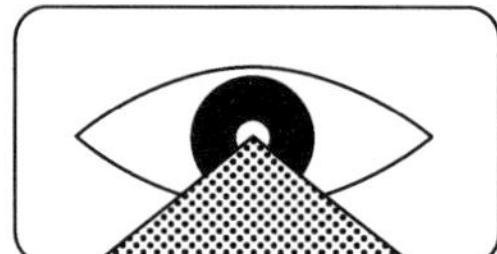

设置背景

开通新服务项目或改进现有服务项目时，下面的内容会有帮助……

与人交谈

花时间与使用、承担和管理服务项目的人进行一对一或小组讨论也许最关键的一步……

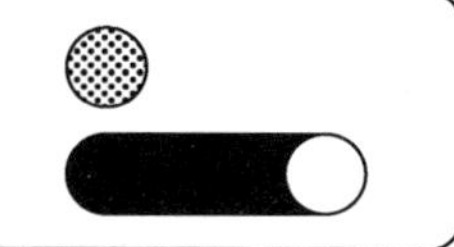

连接各点

充分理解看到、听到和学到的东西是服务项目设计的关键。采纳这些技巧将会……

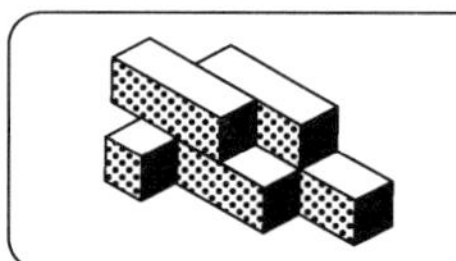

开始尝试

专心倾听并将观察结果转化为自己的经验之后，就可以集思广益并付诸行动了……

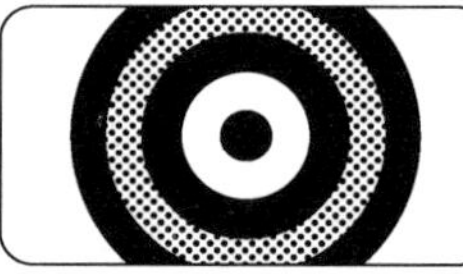

专注效果

与人谈过了，证据看过了，想法试过了，你现在肯定完全理解了……

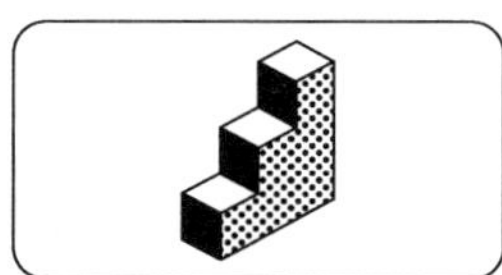

获取帮助

虽然你和你的团队可以解决服务项目设计过程中的许多问题，但你不可能一直有能力单打独斗……

图 5.2　纽约市市政服务规划方法与策略

来源：纽约市市政服务规划设计室。

除此之外，该设计室还在全市范围内发起了一项非正式的运动，要求在各种平台、产品和用户端软件上用易于理解的语言代替专业术语。

“我们在城市项目的沟通说明和用法简化方面做了大量的工作。”Kennan 说，“比如，如何确保我们写出来的东西让用户觉得简单易懂，即便英语不是他的母语？”

纽约把有些服务项目的内容翻译成了 11 种不同的语言。“我们做了大量的内容设计实践，从大约 40 个项目中获取信息，为不同的要素制定了同一个数据标准，然后与各个机关合作重写内容，简化语言，”她说。实践的结果已向全市所有机关通报并公开发布。

语言通俗易懂

“政府喜欢用缩略语，也常常用那种非常复杂的名字。”Kennan 说，“在我们的数据集里，所有项目都有一个通俗易懂的名字。就算你不知道项目或机构的正式名称，也可以毫不费力地找到它。”比如，设计室与一款在线资格筛选工具 ACCESS NYC 有过合作，任务是简化纽约市政府下属多家机构网站的用户体验。

“ACCESS NYC 有一个资格筛选器，用户可以输入自己和家人的基本信息，查看自己有资格参加哪些项目。”Kennan 解释说，“这项服务 2006 年推出的时候还是技术上的一次革命性应用，但它还没做到以人为本。所以我们当时发现人们根本完成不了筛选过程，仅看数据我们就知道是用户体验问题，而且我们必须解决这个问题。”

设计室开发了几个轻量级的原型程序并进行了实际测试。“我们出去找了一些社工和居民，还有部分讲不同语言的人来对程序进行测试，结果证明，新版本确实易懂易用。”Kennan 说，“从此以后，成功率（完成筛选率）提高了约 25%。”

回到画板

从发现问题到解决问题，人们可能会走许多意想不到的弯路。对设计师而言看起来很棒的东西可能会使用户感到困惑。

“我们对 ACCESS NYC 的页面做了很多测试。一开始我们想的是，一定会让网站更有吸引力，不那么沉闷，我们想让它看起来不怎么像政府网站，所以觉得有必要增加图形元素，”Kennan 回忆说。

当设计完毕拿出来测试的时候，好多人完全搞不清楚图形是怎么回事。“他们不知道为什么这个政府网站上会有这些图，从他们的角度看，这样的网站似乎有点不可信，政府机构怎么可能会有这种东西呢？”她说。

测试结果很让人意外。起初团队以为是选错了图片。“我们试了很多种不同的图形方案，以方便检测是哪些图形引起的问题，但最终还是删除了主页上的大部分图片，”Kennan 说。

酷炫的图形并不是任何时候都管用，有时让文字自己表达即可。

“我们在网站的其他地方使用了一些图标，但是采用了更简约的方式。设计师大都喜欢色彩斑斓的图像，这样比较有意思，但有时候，什么样的设计才是优秀的设计，我们与用户的想法是不同的，”Kennan 说。

设计室的经历充分展示了以人为本的理念所拥有的力量。只要你的努力真的能够帮助人，无须介意回到原点重新构思。用户体验终究是第一位的，有时候看起来完美到极点的方案，同样得走上修改的道路。

设计室的实力在很大程度上依赖于它所拥有的“敏捷开发能力”。“敏捷开发能力”主要应用于软件开发领域，是软件在连续测试、迭代和改进的过程中产生的。设计室的经历证明，只需要一点想象力，“敏捷”几乎可以用于任何领域。

真正的英雄

设计室还与纽约市游民服务局和援助无家可归的人的一些单位和个人合作，希望能更清楚地掌握纽约为他们提供的服务到底效果如何。下面是设计室相关文稿的简短摘录：

无论哪个星期，纽约街头都有很多无家可归的人与政府机构和设施接触，但是很多人在寻找固定住处的过程中会时不时地游离在援助范围之外。我们的目标是了解他们从街头流浪至找到固定住处的完整经历，清楚他们与为他们服务的人到底面临哪些困难，然后用有效的手段改善服务水平。

Kennan 和她的团队显然不怕离开办公桌，他们愿意走上街头，亲眼见证人们如何使用他们设计的产品。优秀的设计师不仅是为自己做设计，也是为真实存在的用户做设计。

在得到有关部门的批准后，我们跟着外派工作人员走上了街头，了解他们的工作，观察他们与无家可归的人与政府机构的互动。我们甚至会陪他们值夜班。我们还来到人力资源管理局（HRA）建设的工作站，观察无家可归的人和他们的社工如何完成固定住所的申请流程。我们也与各有关方面的工作人员进行了一对一或是分组的访谈。

这里有一个很容易被忽视的关键：Kennan 和她的团队与提供服务的单位和个人一起，把事情的过程从头到尾记录了下来。“我们的记录细化到了每一步，从双方第一次接触一直到申请固定居所的最终落实。”Kennan 说，

"我们边记录边考虑如何改善流程。我们问过自己，也问过合作伙伴：'双方的想法在哪些地方不一致，是什么原因要拖这么久，他们又是怎么陷入困境的？'通过我们和服务提供方的共同努力，最终开发了一套新的社会工作管理系统出来，也开发了一些新工具来改善服务质量。"

Kennan 说，"真正的英雄是那些外派到街头为无家可归的人服务的人。他们是幕后的英雄，每天都在街上忙忙碌碌。他们很厉害，工作完成得很棒。没有他们承担记录和分析工作，我们不可能开发出更好的工具和技术，也没法帮助他们在这么大、情况又这么复杂的城市中处理人们无家可归的问题。"

简单就好

市政服务规划设计室公布了一些简单的指导原则，总结了解决规划设计问题的方法，如图 5.3 所示。

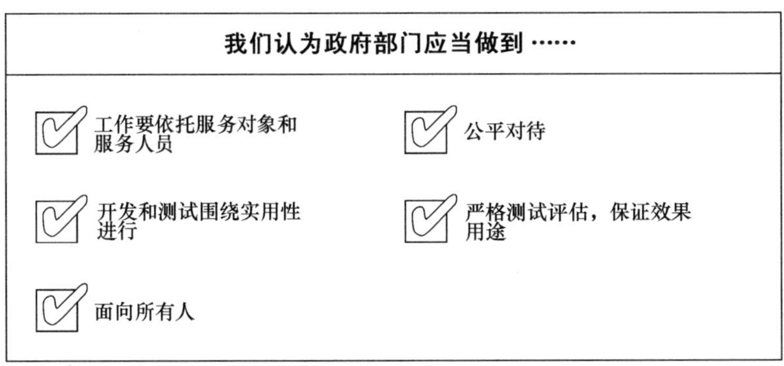

图 5.3　纽约市市政服务规划设计室指导原则

来源：纽约市市政服务规划设计室。

目标简单，功能多样

Kennan 毕业于帕森斯设计学院综合设计专业，主修数字技术和视觉传达。她研读的科目包括版面设计、数字动画、制作、数字化丝网印刷、空间图形、博物馆互动设计、信息设计、设计研究以及可持续设计。毕业后在纽约一家大型设计工作室——ESI Design 工作。曾入选“美国代码”精英团队，这让她掌握了“与政府合作存在哪些挑战和回报”方面的第一手观感。

之所以要详细介绍 Kennan 的专业背景，是因为要强调这项工作对跨学科背景的要求。我们在做研究和撰写本书的过程中得到了很多经验教训，其中之一就是：智慧城市需要 Kennan 这种积极、干劲大的领头人，能游刃有余地在不同领域探索，能跨界、身兼多职。

“有时候想想还是蛮吓人的。”Kennan 说，“如何克服障碍？如何减少事情引起的冲突？如何应对挑战？如何通过合作解决问题？如何调和服务双方的想法？如何让服务更公平？如何确保真正的公正？如何提高工作效率？如何保证纳税人的钱不会被滥用？”

Kennan 说，“不断收到的反馈意见是设计室的决策依据，可以避免工作偏离重心。我认为我们是 21 世纪的智慧公务员。我们肩负重任，我们每天都在检查自己的工作成果，努力做出更好、更明智的选择。”

设计要实用

就智慧城市而言，为公民提供服务还不够，提供的还必须是公民真正用得上的服务。服务必须是看得懂、摸得着的，必须克服语言和文化的障碍。服务不是摆出来做样子的，而是真的要解决问题的。城市提供的每一项服务都必须毫不含糊地表明：我很有用，找我吧，我会帮你的。

“做好了，他们自然会来”[1] 这种招数是不管用的。智慧城市提供的各项服务，成功与否取决于实用性到底如何。纽约地铁的司机无疑会发现很多老旧车站的墙壁都是用陶瓷和繁杂的马赛克瓷砖做装饰。但 1904 年地铁刚刚

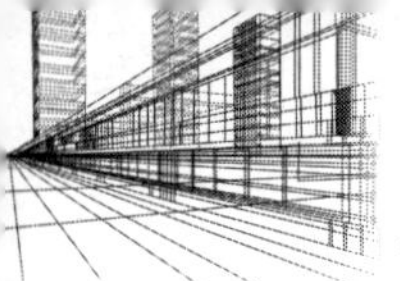

投入运营时，这些瓷砖并不仅仅是用作装饰，它们的另外一项功能是确保文盲和不懂英语的人也能在地铁站找对自己的方向。

优秀的设计一定是实用的设计。填表这件事，不管是在手机、网页还是纸上，如果界面太无聊、太复杂、太吓人，甚至还有错误，人们看都不会看，直接放弃。

我们喜欢智能手机就是因为它看上去很酷，而智能手机毫无疑问是技术经过精心设计的杰出代表，有用、美观、易于操作。城市服务就应该像智能手机这样设计；否则，如果连申请服务都觉得需要律师帮助，那么它的设计一定很差。换个角度，如果觉得申请服务或福利丝毫不费脑子，就应该感谢设计用户界面的人。

尾注

1. 在1989年的电影《梦幻之地》中，凯文·科斯特纳听到的私语实际上是："弄好了，他自然会来。"

第 6 章 公民参与

特拉维夫是一座从内到外焕发着活力和热情的城市，一座按自己的节奏跳动的城市，仿佛物理实验里一枚罕见的亚原子颗粒。

特拉维夫（Tel Aviv）这个名字本身就意味着新旧的交融。“Tel”通常理解为“山丘”的意思，但这里指的是一层又一层的遗迹堆积起来的土墩，意味着不忘历史。而“Aviv”则意味着“春天”，万象更新的季节。

这座城市既充满着异国情调，又镌刻着历史传统。无论是夜场派对还是海中畅泳；无论是沙滩休闲、山间徒步还是公园小憩，总有吸引你的一面。特拉维夫称自己是“永不停歇的城市”，完美诠释了什么叫摩肩接踵和车水马龙。

然而，住在特拉维夫可能也不是一件特别容易的事，尤其是对一位有家有口的中产阶级普通公民来说。在这个地方，很难找到花费不多或是不需要走多远就适合全家人的活动。每逢周五下午到周六晚上，这座城市的很多地方会停下来过节。

Eytan Schwartz 出生于曼哈顿上东区，7 岁时与家人一起搬到特拉维夫。考上哥伦比亚大学后离开了几年，毕业后又回到特拉维夫定居，与妻子和三个孩子住在一起。

他说，“我们住在市中心，没有自己的车，所以我们只能找那种可以和孩子们一起步行去参加的活动。我们身边有很多相关的活动，但不清楚附近的活动在哪里，什么时候开始。所以我非常喜欢 DigiTel 这个平台，有了它我很容易就能找到适合全家人的活动，有免费的，也有不需要花费很多钱的。”

DigiTel 是特拉维夫市政府打造的公民信息平台（如图 6.1 所示），方便公民了解和参加各种活动。在该市符合条件的居民（13 岁及以上）中大约有 2/3 已经注册成为其用户，享受平台根据生活状况并按照所处位置提供的个性化定制信息服务。比如，家里有幼儿的父母们可以在这个平台查到附近适合小孩子参与的活动。Schwartz 说，“我家附近的广场上有一个漂亮的水池，大家都喜欢在池子里玩遥控船模，DigiTel 会经常给我发免费船模的报名链接。我报名去了那里，我们在水里玩船模，孩子们拥有了两小时的欢乐时光，简直太酷了！”

图 6.1　DigiTel 信息平台
来源：DigiTel。

最近特拉维夫开始在周六下午为父母和孩子们举办免费舞会。Schwartz说，“市里用DigiTel给我们发了通知，还请了几个DJ，大家都玩得很开心。派对是在商业中心办的，所以没人在意嘈杂的音乐，周边的商户也很高兴，有派对才会有更多的人气。作为公民，我能感觉到有人关心我，也有人在为我服务。”

除此之外，DigiTel能办的事情还有很多，如申请各种许可证和执照、寻找优惠停车位、参加各种课程和活动、获得音乐会门票折扣、避开施工中的道路，当然还有孩子该上学的时候提醒大家报名。这个平台太实用，也太方便了。

“我不懂技术，对它也不感兴趣，更没有耐心升级设备和下载软件。DigiTel满足了这种城市居民的需求，这就是我使用它的原因，”Schwartz说。

编织更紧密的社会纽带

DigiTel是一种典型的自下而上的创新，不是什么宏伟的计划或战略。策划DigiTel平台的人是曾经当过社工的Zohar Sharon，根据他的设想，平台要能够把市民和政府团结到一起。城市不应该让技术把人们隔离开，而应该用它来编织更紧密的社会纽带。

Sharon是特拉维夫的首席知识官。他解释说，“我对知识和信息负责，不是技术，从我们的角度来看，技术只是达到目的的手段，用来加深公民与城市之间的联系。”

Sharon在2006年上任的时候面临着一个迫在眉睫的问题：公民所需的大部分信息都存储在不同的数据孤岛中，市政府的每个单位都有自己的孤岛和自己的数据。每个单位在市政府的网站上也都有自己的网页，查找信息非常困难。页面的更新随心所欲，重要信息常常是要么丢失，要么过时。结果，

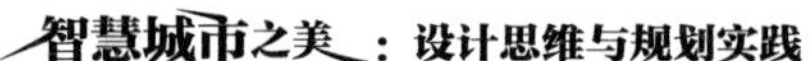

引起了很多人的不满。

“我们邀请了一些市民来讨论这个事，并提出了两个问题：你如何看待特拉维夫？你如何看待特拉维夫市政府？人们回答问题时，市政府领导和部分官员就在单面镜背后观察。”他回忆道。

答案令人震惊，市民们说他们热爱特拉维夫，却对市政府有些不满。Sharon 说，“我们真是没想到，我们的工作做得真的很不错了，可人们还是对我们如此不满，真让人伤心！”

Sharon 首先要办的一件事就是简化和优化网站。“公民想看的是自己需要的信息，既不是各个单位的组织结构，又不是各级官员的个人照片。这些东西没人在意，应该删掉，”他说。

Sharon 说，“市政府从公民的角度重新设计了网站，理顺了网站的结构，也简化了查找内容的步骤。网上搜索，其宗旨其实就是一个‘快’字。”

Sharon 深谙“体验感”在城市信息化建设进程中的核心地位，所以从不觉得用常规的技术开发实用的网站有什么不对。在软件工程师眼中，特拉维夫市政府的网站上没有任何亮点，但亮点不是 Sharon 的目标，“更实用”才是。

Sharon 曾经的社会工作经历让他明白，人，比技术重要。所以，尽管他的解决办法并不具备开创性和革命性，但确实体现了智慧城市的要义：人，高于技术。

向以人为本的转型不会一蹴而就。特拉维夫走的是商业领域早已为人熟知的老路：信息平台的建设，最初反映的往往是技术人员的想法，后来才懂得要反映用户的想法。

人们普遍以为，数字化转型的关键是人员、流程和技术，最重要的领导力，常常被人遗忘。其实每一次转型真正需要的是优秀的领导：有远见、有干劲、有耐心的人才能实现这一切。Sharon 知道，他的转型计划需要领导者，他也为此组建起了一支这样的队伍。

知识精英

无论什么组织，都有复杂的利益相关者和支持者，谁都觉得自己是对的，也都在争夺势力范围，常常为了有限的资源爆发无休止的争斗。实施转型计划的领导者必须谨慎行事，在众多部门、层级和官员之间进行权衡。

Sharon 首先要战胜的是那些负责为网站维护信息的人员。“没用多久我们就意识到，好的信息平台离不开好的信息，”他说。也就是说信息不但要全，而且要新，雇员们得加班加点才能做好这件事。

就小城市而言，开发具备这种技术能力的平台还是比较容易的，困难在于如何在几乎没有监督的情况下，让工作人员有足够的动力在自愿的基础上持续不断地添加和维护信息。

即使是以色列这种国民责任感超高的国家，人们也不喜欢加班，所以一定要有某种动力来落实这件事。这就是 Sharon 的社会工作经验派上用场的地方。他招募了 250 名员工担任“知识精英”，由他们来承担更新和维护网站内容的责任。

精英们会接受特别的训练并得到特别的认可——成为该市第一批熟练运用最新技术工具的人。Sharon 说，“有很多方法可以在花不了多少钱的情况下激励人们，这些精英很有成就感，因为，他们的工作对成千上万的市民产生了积极的影响。这种成就感本身就是一种激励。”

“知识精英”现在是市政府 8000 名公务员和雇员队伍里的拳头队伍，在改善市政府的运作方面，他们起着微妙而重要的作用。“他们来自城市的各个部门，帮助我们打破了信息孤岛之间的屏障。信息的共享更加便捷，这也因此促成了高效的政府，”Sharon 说。

初创 DigiTel

在成功改善特拉维夫的线上政务服务之后，Sharon 有了一个新的想法：为什么不为特拉维夫居民打造一个可以根据年龄、家庭状况、居住地查找感兴趣的城市服务和活动的网络与移动平台？

他想起自己打造 DigiTel 平台的时候根本没把它当成一个典型的政府的项目，而是当成一家初创企业在做。“我记得我和上级说，我们要把城市视为一个生活圈。不同的人处于圈子的不同位置，有小孩的人会更多地关注家庭，老人则喜欢到处走，遇见更多的人和风景。”

DigiTel 不会为每个人提供一模一样的信息，而是模仿一家成功的数字企业，让用户能够根据个人需求和偏好获得个性化的体验。Sharon 的方法虽然是以成熟的数字营销原则为蓝本，但对市政府而言完全是一场革命。

Sharon 说，“通过 DigiTel，我们可以在合适的时间和地点向合适的人发送有针对性的信息。如果你有一个 5 岁的孩子，而明天在你所在的社区有一场儿童音乐会，我们就会给你发一条这样的消息。”

如果上演的流行音乐节目有空位，DigiTel 也会给你发消息。“只要你申请，一旦节目有半价票提供，你就会收到提醒。”他说，“这是一个双赢的局面，更多的人有机会欣赏到自己喜爱的演出，而剧院的座位也可以全部售出。相信我，在特拉维夫，演出前最后 15 分钟不会有余票。”

DigiTel 的成功铸就了另外两个平台：一个是面向学龄前儿童的家长的 DigiTaf，另一个是面向犬的主人的 DigiDog。特拉维夫的在册犬只多达两万，是世界上犬人比率最高的城市。犬的主人利用 DigiDog 平台获取各种个性化的信息，包括宠物活动、疫苗注射、兽医服务、公园位置以及宠物商店的折扣。

内心为本，技术为表

特拉维夫是一座擅长培育和鼓励技术创新的城市，被誉为“地中海的硅谷”，仿佛是一个初创国家的一座初创城市。

DigiTel 不是什么先进的技术，它背后是更重要的东西：地方政府的成功。它的成功充分表明，提高现代城市的生活品质根本用不着那些得到无数风投资本支持的天才，只要有发自内心愿意改善现状的公务人员就可以了。

DigiTel 使 Sharon 成为全球智慧城市建设的名人。他在不知不觉中成为特拉维夫的一面旗帜，在世界各地与那些欣喜若狂的听众分享 DigiTel 的故事。他讲话时仿佛就是一家小企业的经理，他懂得如何激励员工，更知道怎样才能提高客户满意度，软硬件技术并不是他所关注的全部。

Sharon 成功的最根本原因之一是激发了工作人员的信念，使他们认为自己的工作对特拉维夫人民具有重要的意义。“在我们做的所有工作中，最重要的一件是改变政府部门的内部文化。我们改变了工作人员的工作思维，他们有了情感的联系，他们觉得自己在帮助别人。这是非常强大的激励！”

第 7 章
智慧国度

爱沙尼亚是一个森林国家，坐落在波罗的海沿岸，主要产业是农业，拥有丰富的民间传统文化，同时也是 Skype（注：一款互联网即时通信工具）的诞生地。

爱沙尼亚人喜欢独处：全国人民都喜欢独自在树林里徒步旅行。可一旦离开树林，他们就像换了一个人似的，亲切友善，热情好客。他们也高度重视个人隐私。

爱沙尼亚特有的北欧文化为世界上第一个数字政府的呱呱坠地缔造了完美的温床。

爱沙尼亚首都塔林的企业高管 Martin Kõiva 说，“告诉你我的手机不能做什么要比告诉你能做什么更容易，除了结婚、买房、离婚需要现场办理，其他任何事情都可以在手机上完成。”

爱沙尼亚人不需要排队申请许可证、纳税或是注册新公司，也不必亲自出现在签合同、买车、宠物登记和投票的现场，99% 的政府服务都可以在线办理。

Kõiva 最近正在联系有关部门，打算将他的祖母从医院转到康复中心。在大多数国家，这种事情都是一个既麻烦又耗神的过程，可在爱沙尼亚，用

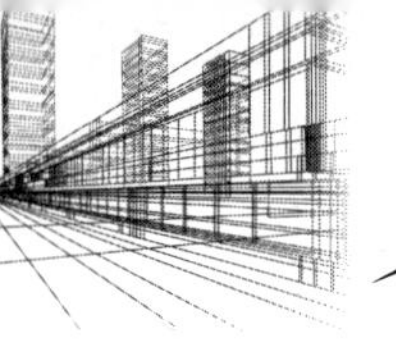
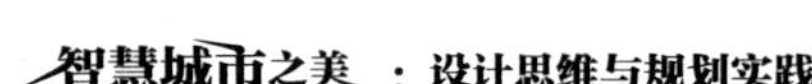

手机就能办妥。他说，“我们真的不需要做多少事，他的所有数据都已进入国家医疗保健登记系统。这也是大多数人感到有趣的地方——不复杂，一切都很简单。”

爱沙尼亚的电子政务系统也降低了做生意的难度。Kõiva 是 Pipedrive 软件公司全球客户支持部门的主管，他的公司总部位于爱沙尼亚，在纽约、伦敦和里斯本设有办事处。Kõiva 曾在里斯本工作过一段时间，非常清楚传统的“官僚机构”和爱沙尼亚电子政务系统之间的天差地别。

他说，“电子政务系统节省了大量时间，例如，在爱沙尼亚，纸质合同基本上是不用的。合同准备就绪后，你会收到电子邮件通知，然后用自己的数字签名签署就可以了。至于谁先签、谁后签是没有关系的，在所有人都签完之后，你会收到另外一封电子邮件。整个过程可以在几分钟内完成。”

合同签得快，资金周转得也快，也就从整体上加快了做生意的节奏。“与那些还在用纸质合同的国家打交道真的很折磨人。”他说，“有时候我会算错在其他国家完成交易需要的时间，因为我已经习惯了这种又快又好用的系统。”

白板

如何才能建立高效的电子政务系统？通常来讲，一个国家的发展很难出现从零开始的情况，但对爱沙尼亚来说，这种事情真的发生了。

爱沙尼亚电子政务系统的演变分几个阶段。第二次世界大战期间，爱沙尼亚的国民经济一片荒芜，直到重新加入自由世界，爱沙尼亚需要从头开始重建自己的国家机构，其中就包括科技基础设施。

然而，爱沙尼亚人没有热衷于重建大型的机构。Kõiva 解释道，“我们不需要维持原先的体制，我们可以自由地从零开始，这是选择自己命运的好机会。”

在爱沙尼亚的民间故事中，天真无畏的年轻人和淳朴的乡村人常常是故事的主角。有的面临着重重挑战，有的抓住了良机，他们的强大对手往往不会把他们放在眼里。但是凭借智慧和坚韧，他们解开了一道又一道艰深的谜题，找到神秘的宝藏，最终通常大获全胜。

在爱沙尼亚文化中，尊重常识是一种至高无上的美德。Kõiva 解释说，“我们非常钦佩那些务实的人。爱沙尼亚语里有一个写作‘kaine talupojamõistus’的短语，大意是‘乡下人的理性判断’，这就是我们所说的‘常识’。讲的是没有正式教育，如何本能地处理复杂的问题。”

出于本能和实用的目的，爱沙尼亚在 20 世纪 90 年代启动了电子政务系统的建设。这个决定极富远见，远远超越了它所处的时代。但是，爱沙尼亚人对数字化未来的追求并不是因为觉得这样很酷、很时尚，他们是觉得应该把有限的资源用来建设服务器和网络，而不是摩天大楼和政府大厦，这是他们恪守的常识。

运气的力量

除了常识和实用主义，运气同样为奠定爱沙尼亚电子政务建设的领先地位出了力。

在 2006—2016 年担任爱沙尼亚总统之前，Toomas Hendrik Ilves 曾是爱沙尼亚电子政务系统的设计师，而在此之前，他一直是该国“学校全体上线项目”的主要推动者。他称自己是爱沙尼亚“全面数字化”战略的“极客”推手。

Ilves 的总统之路本身就是传奇。他出生在瑞典，后来随父母流入美国。他在新泽西州的郊区长大，接受了九年制的基础教育，拥有哥伦比亚大学的学士学位和宾夕法尼亚大学的硕士学位。20 世纪 80 年代，他以自由欧洲电台记者的身份回到欧洲。

爱沙尼亚重新独立后，Ilves 同时担任驻美国、加拿大和墨西哥的大使，后来成为外交部部长。再往后，他开始加入公职的竞选，还担任过驻欧洲议会的观察员。如果没有 Ilves 非比寻常的技术背景、生活经历和政治影响力，很难想象爱沙尼亚的电子政务计划能获得成功。

时机，是爱沙尼亚电子政务建设道路上的另外一个关键因素。1991 年，恰逢互联网的兴起，1993 年发明的第一款网页浏览器把互联网从一个科学项目变成了覆盖全球的社交网络。

互联网的面世，使人们可以用数字化解决方案大规模替代传统手段。凭借 Ilves 等的远见卓识，这个国家开启了一场重塑政府的大胆实验，无论是本意还是运气，都使爱沙尼亚成为第一个“智慧国度”。

X-Road

爱沙尼亚电子政务系统的支柱是 X-Road，一款自主开发的数据交换系统，可以在几千个数据库之间安全地即时传递信息。爱沙尼亚估计 X-Road 每年为国家和国民节省超过 820 年的工时，目前有 900 多家机构和企业每天都在使用 X-Road。

X-Road 不是那种连接很松散的服务器网络，而是一款安全性极高的平台，可以传输加密数据，其精确度可以媲美精良的手表。

爱沙尼亚还有着强大的国民身份系统，以增强电子政务基础设施。几乎每个爱沙尼亚人都有自己的安全数字身份证，能用于各种各样的交易，无论是乘坐公共交通工具还是签署正式文件。

爱沙尼亚的电子政务系统没有中央数据库（主数据库），每个机构或组织都是系统的一部分，负责存储和管理自己的数据。涉及税务、车船票证、土地转让、教育、选民登记、医疗保健和财务的敏感信息则存储在单独的数据库中。信息是加密的，未经事主知情并同意，不会外传。

用户有权决定哪些医疗机构可以从自己就诊过的其他医疗机构获取个人信息。换句话说，是否同意牙医访问自己的心脏、皮肤或心理治疗信息，决定权完全在用户手上。

系统完全采用了区块链技术，数据的进出不可能不留下痕迹。所有信息都经过签名，加盖时间戳并链接在一起，充分保证了数据的完整性。所有交易也都被谨慎地记录下来，随时可以追踪。数据无法伪造，也无法篡改，几乎不会被破坏。任何机构、组织或个人查看数据，事主会第一时间接到通知，任何以非正确方式访问数据的行径也都会受到惩罚。

X-Road 的目标是让每个阶层的人的生活更便利。例如，孩子一出生，医院就会在自己的数据库中录入他 / 她的信息，而医院的数据库又与国家的人口登记数据库互联。这些信息会自动与政府管理的各个系统共享，确保儿童正常享受医疗、教育等社会福利。

在爱沙尼亚，填写纳税申报单一般只需三分钟，表格上保存有预留信息，点击一下就可完成。如果需要重新开处方？简单，网页和手机都可以操作。

从爱沙尼亚的角度来看，X-Road 满足了数据交换平台在安全性和实用性上的三个基本要求：

1. 有权限的用户和组织必须能够轻松访问数据；

2. 必须确保数据的完整性，任何第三方都无法在数据的传输过程中对其进行任何更改；

3. 数据在传输的过程中必须保证机密，任何未经授权的第三方都无法看到。

实践成就信任

毫无疑问，爱沙尼亚电子政务系统的成功得益于遍及全球的一个现象：

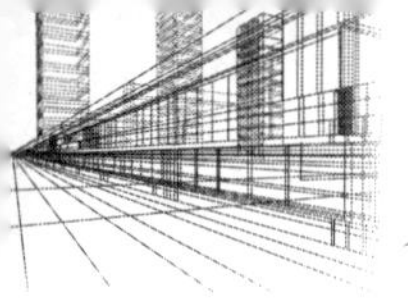

人们普遍信任数字技术。手机、笔记本电脑、平板电脑，还有个人电脑，都在我们的生活中不可或缺。然而具有讽刺意味的是，与对传统政府的信任度下降相伴的是，人们对数字技术的信任度正在上升。这就是为什么爱沙尼亚推行数字政府的实验看起来如此“智慧”的另一个原因：与时俱进。

如今的爱沙尼亚人对他们的制度很信任，但信任不是与生俱来的，它是争取来的。爱沙尼亚电子政务学院联合创始人 Linnar Viik 说，“只有真抓实干，才能收获信任，这不是说把各个系统连起来就可以，而是应该每天都产出价值。谁都知道数字技术更精确、更便利、更透明，也更值得信任，但我们必须证明这一点。”

建立信任的第一步是确立数据的所有权。“在爱沙尼亚，每个人的数据都归其个人，而不是政府所有。这是一个非常重要的基本条件。这意味着数据的所有人既可以将它们授权给政府使用，又可以收回。谁能查看，谁不能查看，完全由数据的所有人决定，”Viik 说。

从某种意义上说，每一个爱沙尼亚人都有一个开关控制着自己的数据访问权限。所以人们不会花费大量的时间来担心自己的数据是否安全。爱沙尼亚自推出电子政务系统以来，还没有出现过大规模的数据泄露，这也同样为人们的信任打下了良好的基础。

建立信任的第二步是彻底的透明化。Viik 解释，“政府拥有我的哪些数据，总体上我是清楚的，如果发现数据有问题，我可以提交更正。”

第三步是完完全全的诚信。“开车的时候如果被警察拦下，他们会检查我的驾照和车险状态，然后我会收到一条通知，告知我有人在查询我的信息、查询人，也就是警察的名字，也会显示出来，”他说。如果爱沙尼亚人认为警察滥用了他们的数据，他们可以向独立调查员求助，调查员会帮他们查出数据的使用原因和方式。

Viik 承认，事实证明人们普遍信任技术确实带来了很多好处，但这不是一劳永逸的理由。他指出，“对大多数人来说，数字技术是一项整体的体验，如今人们普遍对技术持乐观态度，有些人宁可信任谷歌也不信任银行；也有很多人宁可在网上问诊，也不找医生看病。”

所有这一切都可能在一夜之间改变。人是一种善变的动物，很容易受重大新闻的影响，对流行社交媒体的信任正在慢慢消失，很自然，Viik 开始担心这种势头可能会逆转数字政府的进程。“这就是建立信任需要长期真抓实干的原因，”他说。

利用电子邮件作为公民与政府之间的正式沟通渠道就是一个虽然简单然则有效的做法。Viik 说，“电子邮件是数字政府建立信任的绝佳起跑线。”

他解释说，“不能把政府的电子邮件地址变成永无回复的黑洞，政府收到的每一封电子邮件都应当回复确认。回复中要讲明‘我们已收到您的信息，正在办理’。而且回复必须马上发出，这样才会有真正的效果。公民们会觉得这比写信或排队要好得多。虽然已是午夜，但我发送一封邮件然后离开，申请就已经在处理了。”

“只填一次”

除了安全高效外，爱沙尼亚的电子政务系统还在很多细节上建立了信任。比如，爱沙尼亚人填报个人信息仅需要录入一次。

预留信息会出现在大多数表格上，这大大缩短了爱沙尼亚人的填表时间。

申请贷款、更新护照以及给孩子登记上学这些事，个人信息（姓名、出生日期、就业状况、电子邮件地址、电话号码、家庭住址等）无须重复填写。

现在用户只需要输入自己的安全 ID，剩下的事情系统会自动调用预留的个人数据填写。手动填表这种事变得非常罕见，而且由于大多数表格都是机器自动处理，所以用户的个人数据几乎不会被人看到。

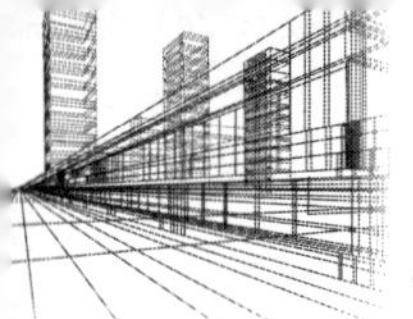

“只填一次”的政策给爱沙尼亚人发出了明确的信号：“政府尊重你们的时间和隐私。”

爱沙尼亚人非常看重隐私保护，它也是电子政务系统的关注点和核心任务。如前所述，爱沙尼亚虽然从未爆发过重大安全漏洞，但这并不意味着爱沙尼亚政府没有继续努力。

将攻击变成挑战

2007 年，爱沙尼亚曾经成为分布式拒绝服务（DDoS）攻击的目标，这次攻击使这个国家的数字社会暂时陷入了停滞。这次攻击并未攻破爱沙尼亚网络系统的防御，仅仅使其暂时停止运转而已。

悍然的攻击行为留下了不可磨灭的印记——不仅爱沙尼亚，欧洲其他地区同样如此。但世人也从中看到了爱沙尼亚数字基础设施的优势和恢复能力。事实证明，爱沙尼亚有足够的能力抵挡装备精良的敌人的攻击。此事还促使北大西洋公约组织在爱沙尼亚首都成立了协作网络空间防御卓越中心（Cooperative Cyber Security Defence Centre of Excellence）。

这场网络攻击莫名其妙地成为对爱沙尼亚技术水平的认可。科技行业中，人人都知道，爱沙尼亚被一支强劲的队伍攻击过，但是幸免于难，并且没有什么损失。

这件事给爱沙尼亚敲响了警钟，他们现在已在国外建立了系统的镜像站点，以策安全。如有必要，该国的电子政务系统可以在世界任何地方进行管理。

然而大多数爱沙尼亚人并没有从地缘政治角度思考他们的电子政务系统，他们只是很高兴这套系统很适合他们，也很管用。但电子政务系统可不仅仅是为了帮助公民更高效地管理他们的个人和职业生涯，它还能让那些关心国家命运的人随时在线。

知情权

电子政务系统还使爱沙尼亚人能够更好地了解“传统”政府在做什么。如果用户对某个特定主题感兴趣——如国防或移民——可以申请“接收通知”权限，以便获悉政府官员何时就此展开辩论。

Viik 说，“内阁开会的议程一般是在会前一周在网上公布，会上要讨论的所有内容，包括辅助材料，都是公开的。因此，如果用户有关注的主题——如林业和教育——他们会提前知道。一旦内阁做出决定，他们也会马上获悉。所有这一切都提高了政治的透明度。”

爱沙尼亚的电子政务系统体现了这个国家的性质。系统非常实用，在节省时间和金钱的同时，仍然对个人隐私保持必要的尊重。

“我们认为，国家在人民的日常生活当中应当安于幕后，但需要的时候要马上出现。时间是国家和每一位公民的宝贵资源，”爱沙尼亚信息系统管理局前 IT 架构师 Heiko Vainsalu 写道。

未来的面貌

爱沙尼亚在电子政务领域的成功实验引起了人们的广泛关注，他们的有益经验也开始逐步在其他国家开花结果。Vainsalu 称，“爱沙尼亚已向芬兰、阿曼、乌克兰、法罗群岛、马其顿、纳米比亚、突尼斯、吉尔吉斯斯坦和印度等 130 多个国家和地区提供了包括 X-Road 在内的多套电子政务解决方案。”

系统和数据的跨境访问也给人们带来了新的机遇。如果你曾经在国外有

过处方药不够用的经历，就会知道补充起来有多困难。在 X-Road 的帮助下，爱沙尼亚人和芬兰人很快就可以很方便地在对方的国家开处方。爱沙尼亚电子政务学院战略发展部副主任 Hannes Astok 说，“有很多爱沙尼亚人在芬兰工作，也有不少芬兰人在爱沙尼亚经商和度假。”

在外人眼中，爱沙尼亚电子政务系统最令人赞叹的一面是爱沙尼亚人对它的信任。爱沙尼亚是一个小国，人口只有 140 万，甚至真正的陌生人都会觉得他们彼此相识。正是这种亲密感产生了在较大国家难以复制的信任度。“我们信任政府官员，因为通常我们本身非常熟悉这些人，” Martin Kõiva 解释道。

人们很容易觉得爱沙尼亚的电子政务系统仅仅适合这样的国家而已。虽然它是一个主权国家，但是人口规模只相当于一个中等城市，然而它同样面临着很多城市面临的现实挑战——资源有限、劳动力老化、竞争激烈以及经济前景不明朗。

即使爱沙尼亚的一些做法很难在其他地方复制，我们还是可以从它们身上学到很多东西。无论是爱沙尼亚的 X-Road 还是特拉维夫的 DigiTel，它们的探索终归是人类为一瞥未来做出的努力。虽然不完美，但这就是未来的面貌。

第8章 “绘制”目标

“骄傲在败坏以先，狂心在跌倒之前。”

——《圣经·箴言》16:18（钦定本）

智慧城市是不是让你的自豪感油然而生？你有没有为它的设计、建设、管理和保卫殚精竭虑？而在网络黑客的眼中，智慧城市真的是一块“大肥肉”。

有没有觉得塔吉特百货、艾可菲征信、安森保险和摩根大通这些公司的网络安全漏洞很糟糕？但与智慧城市面临的威胁比起来，这些漏洞简直不值一提。还在担心诺维格病毒、蠕虫王、震网病毒和 Mirai 僵尸网络？还是先看看网络攻击如何攻陷一整座智慧城市吧！

“智慧城市会受到连续不断的攻击。”纽约的一位网络安全专家 Chris Moschovitis 说，“有很多人、很多组织会利用网络系统的弱点对你的城市发起攻击，你要保卫它，保卫它的一切。”

网络犯罪也会在智慧城市的各个层面爆发。今天还在担心城市里的逃票人翻越地铁站的旋转栅门，到了明天，那些人根本不需要这样做，他们知道怎么操控栅门的安全控制器。

城市的每个部门都要把自己的资产以及面临的威胁和风险登记成册，也都要把自己的关键业务系统和存在的漏洞梳理出来，这种级别的复杂度可想而知。一旦出问题，无论是大是小，后果都不堪设想。确保智慧城市的网络安全绝非易事，也不可能有简单的解决方案。对待网络攻击，智慧城市需要时刻保持警惕，始终处于备战状态。

西班牙一位网络安全顾问 Pete Herzog 表示，智慧城市应当随时准备迎战三种类型的网络攻击：无聊型、愤怒型和恶意型。

无聊型

Herzog 说，“无聊型的攻击者指那些有能力发现并抓住攻击机会的人。”“他们可能并未掌握入侵系统的高超技能，但他们有时间学。应对他们最好的办法是一定要了解自己的网络，知道自己的系统如何与人互动，同时要监控系统是否出现反常现象。”

愤怒型

愤怒型攻击者主要是指那些需要智慧城市提供服务但由于各种原因无法得到这些服务的人。例如，智慧城市的一些服务可能不会提供给重刑犯、性侵者或未成年人，有些人在使用智慧城市的服务时也可能会遇到语言障碍或访问故障。还有，由于很多服务只能通过智能手机获取，所以一些没有智能手机的人会通过一些非法渠道获得服务。

“只要想做，愤怒型攻击者总会找到办法。他们会非法入侵系统以获得服务，他们会严重损害公共利益。智慧城市必须要能预见这一点，确保自身有办法满足那些无法通过合法或捷径获得服务的人的需求。”Herzog 说，“想使用智能服务，但又出于某种原因而不能使用的人始终会有很多。建设智慧城市不能为了省事而只顾及多数人的需要，相反，应该开发每个人都可以使用的系统。”

恶意型

恶意型攻击者通常来自恐怖组织或犯罪集团，当然，有时候会集多种角色于一身。“这些人拥有无穷无尽的资源，他们的目的就是制造混乱和破坏，他们会播下恐惧和忧虑的种子，有足够的时间和资源做坏事，而且永无休止，所以这是智慧城市面临的永久性威胁，” Herzog 说。

技术本身是不会保护智慧城市免受间谍、恐怖分子和犯罪分子的攻击的，利用多重网络安全控制系统构成的“纵深防御”体系也不会。网络安全领域的供应商们喜欢宣扬“纵深防御”战略，那是因为其建设成本和维护成本都很高。“首先，建一座城堡来保护数据；其次，在城堡内再建一座城堡。最后，在里面的城堡内再建第三座城堡；而且，每座城堡都要有护城河，里面都要放入‘鳄鱼’，” Moschovitis 说。

当然了，他只是开个玩笑，但他确实提出了两个很有价值的观点：

1. 以智慧城市为目标的不光是攻击者；供应商同样会把智慧城市视为（最新的而且也是最好的）产品和服务的潜在客户；

2. 仅靠产品和服务阻止不了网络攻击，成功应对网络攻击需要尽可能广泛地把所有利益相关者拉进来，缔结同盟，精心策划。

Herzog 说，“城市一定要用科学的方法与州、联邦和国际执法机构开展合作。在应对网络犯罪这个问题上，城市需要有自己的应急部门、调查组和律师团队。”

他说，“每个阶层的公民都要培养更敏锐的态势感知能力，当怀疑有网

络攻击时要知道到哪里求助。”

像“守护”和“街道之眼”这样的概念会延伸到网络空间里。每个纽约人都知道一句话：“如果你看到什么，就把它说出来。”“9·11”事件发生后，这句话成了人们的座右铭，说这句话也成了很多纽约人的习惯。如果你在中央车站的地板上看到一个奇怪的包裹，赶紧告诉警察，事前确保安全总比事后遗憾要好。未来，我们会有类似的话语提醒人们注意网络威胁。

智慧城市还会安装不间断的监控系统，实时掌握可能会在公共场合出现的情况。系统采集的部分数据会保存下来供日后分析。但是，必须确保数据存储的安全，防止网络犯罪分子窃取后做非法交易。

小破坏，大后果

美国退役空军少将 Dale Meyerrose 用通俗的语言告诉我们什么才是挑战。“网络安全是做出来的，不是买来的，”Meyerrose 说，“它完全取决于人，取决于人的行为。斯诺登下载数以千计的情报文件后，居然大摇大摆地出了门。实在想不明白为什么我们能把技防搞得那么好，而人防搞得那么差。”

与改变人的行为相比，获得新技术明显要容易得多，所以技术对我们的诱惑几乎无可抗拒。但是，在网络安全问题上过度依赖技术的智慧城市最终会不可避免地发现，原来自己根本没准备好应对网络空间的严苛现实。

Meyerrose 说，“即使都用技术来解决问题，各地的做法也是千差万别的。不同城市的系统不同，软硬件资产也不一样，各有各的网络安全之道，根据经验，一座城市，80% 的安全策略会与其他的城市差不多，20% 自己独有。所以，简单地复制粘贴的办法是行不通的。”

Meyerrose 还破除了“网络攻击可以瘫痪一座城市”的迷思。大多数城市会有几百个系统同时运行，其中只有少数几个会相互通信，即便是最先进的智慧城市也做不到完完全全的互联互通，而在 Meyerrose 的眼中，这样的局面对城市是有好处的。

“再厉害的黑客可能最多也就能攻击一两个系统，使整座城市瘫痪的可能性非常小，”他说。

当然，他并不是说网络安全无关紧要。“对于关键服务系统，再小的破坏也会导致严重后果，”Meyerrose 说，“城市人口密集，恐慌很容易蔓延，攻击者们也知道这一点，会把它当作武器加以利用。”

在民众中播下（对政府）不信任的种子也是他们的常用招数，与直接损坏财产相比，集中精力制造源源不断的麻烦和不便，更能消磨民众的耐心和士气，削弱他们对政府机关的信任。

20 世纪中叶的美国电视连续剧《迷离时空》，有一集非常经典，叫作《枫树街的怪物》，讲的是外星入侵者随机破坏电力系统，从而挑拨小镇上的居民互相打斗的故事。主创 Rod Serling 在节目中预见到 21 世纪的网络战策略。

Meyerrose 说，“对智慧城市威胁最大的其实是居于其中的人类，攻击者会选择阻力最小的途径。他们不会攻击防卫最森严的地方——而是会找出有弱点的，利用裂隙闯进去。”这意味着他们很可能会通过网络钓鱼把恶意软件置于服务器和系统中，也可能会找出漏洞发起 DDoS 攻击。2018 年 3 月，著名的软件项目存储站点 GitHub 受到有史以来最大规模的 DDoS 攻击并导致下线。但 GitHub 毕竟是软件开发人的集中营，下线只持续了 10 分钟。对不属于极客圈的人来说，这件事似乎也没什么大不了的，但在程序员和开发人员眼中，则相当于诺克斯堡军事基地遭到了“金手指”（电影《007》中的角色）的袭击。如果连 GitHub 都会崩溃，那么在网络空间中哪里还有安全。

Meyerrose 预测，城市地区的网络安全管理将成为我们这个时代面临的重大挑战。随着居民数量越来越庞大，城市本身就是地缘政治的重要参与者。在网络安全领域有着强大实力的城市会有助于地缘政治的稳定，而实力不足的城市正相反。举个例子，如果目标是一座拥有强大网络防御能力的城市，那么首先要攻击和破坏的应该是它旁边相对较弱的其他城市。通过这种策略可以在主要目标周围形成一个不稳定的区域，从而使最后的决定性一击更有可能取得成功。

动态数据

智慧城市是由众多系统构成的体系，无论大小，每个子系统都是由各种传感器、应用、网络和数据中心构成的集合体。

传感器和应用负责监控道路、空气、水处理、公共交通、应急通信、照明、电力等各个要素的运行状况。传感器和应用的数据全部通过网络传送到由有关部门和供应商负责运营的数据中心，部分数据会传送到城市的数据中心，另一部分则传送到云，后者可以在任何一个地方的数据中心做最后处理，可能是雷克雅未克，也可能是圣彼得堡。

智慧城市的数据是经过加密的，黑客即使想方设法得到了，也读取不了。哪些类型的数据会被窃取呢？这涉及了各个领域，种类繁多：病历、工会合同、工资单、停车场收据、财务报表、离婚档案、住院证明，甚至还有蓄水池水位和旷课率。

全市有数以千计的系统在运行，产生的每项信息都必须加密，无论是地铁车门（开合）感应器发出的微弱信号，还是打给应急管理部门的电话——所有信息在上传之前都要加密。

当然，数据加密只是城市为保证自身安全而采取的众多防范措施中的一个。城市是由多个系统构成的体系，每一个系统都有自身的生命周期，都应该部署网络安全控制手段（探测、预防、调和、补偿）。

“智慧城市的各个系统不会一成不变，” Moschovitis 说，“相反，它们总是处于不断变化的状态。网络安全控制手段必须跟得上变化的节奏，否则很快就会失去效用。”

为保证效果，每个系统都要进行彻底的网络安全审查，每个系统各有各的生命周期，也都必须执行严格的网络安全管理标准。

“人命关天，这件事非常重要，”他说，“如果只是为了保护数据的安全，可以使用一套简单的名为‘C–I–A’（机密性 – 完整性 – 可用性）的风险评估模型。但由于智慧城市与人息息相关，评估模型就必须把安全性考虑进去。于是模型变成了‘C–I–A+S’，因为如果黑客攻击交通信号灯或地铁系统也可能会导致人员伤亡。”

人比数据珍贵

安全问题给核算数字资产保护成本的传统办法带来了难题。人们多年来所遵循的经验法则相当简单：保护资产耗费的开支绝对不要超过资产本身的价值。

而安全问题的突显已把这条经验法则从窗户扔了出去。例如，假设地铁车门感应器的价格是 3 美元，这是不是意味着就不必花超过 3 美元的钱来保护它，即使知道万一车门故障会导致乘客受伤？

事实上，乘客的四肢要是被车门夹住，受伤造成的代价肯定会远远超出感应器的成本。万一乘客决定起诉有关部门，代价就更高了。

智慧城市需要重新考虑如何给风险建模，重新评估资产价值，重新核定开支的轻重缓急。谁都知道，假如智能电梯的紧急制动系统受到攻击，而电梯在撞击地面之前要跌落100个楼层，这个时候人们心头最在意的根本不是电梯的成本。

也就是说，有可能会出现这样的情况，房主或业主会继续沿用老办法核算自家面临的网络安全风险，而最终令资产得不到足够的保护。所以，网络安全标准的制定和执行应该上升到城市层面进行。

在智慧城市中，维护网络安全是每个人的责任，每个组织都应当遵循相同的基本规则，公共部门和私营部门用完全不同的规则管理各自的网络安全是难以想象的。

但是问题又来了，有些城市制定的规则可能会过于严格，而有些会过于宽松。可以确定的是，严格也好，宽松也罢，政策都会在规则的制定和执行过程中发挥作用。希望大多数城市都能在两个极端之间找到自己的位置，制定适合自己的网络安全战略，在捍卫隐私和财产安全的同时也保护好自己的人民。

用设计保证网络安全

很多智慧城市会遵循一种“用设计保证安全”（Security by Design）的策略，意思是要把安全规则认真细致地落实到每一个系统的每一个环节中，直至所有系统所有层级的所有环节全部落实到位。这一策略假定系统会被攻破，而数据会丢失或被窃取，它的思路不是“围着”数据、设备和程序修建保护墙，而是直接将安全“嵌入”其中。

该策略也在提醒我们，安全意识要常态化。“重点是安全保护程序，而不是一味地针对威胁做出对应措施。”Herzog说，“你不可能知道每个弱点，把安全工作的全部精力都集中到漏洞管理上是没有意义的。”

其实，把系统和程序进行简单的隔离就可以阻止很多攻击。“在Web服务器的前面终止 SSL（安全套接字层）连接就可以防止整个安全层被试图入侵服务器的攻击者滥用。”他说，“禁止台式机和笔记本电脑在内联网上共享数据也可以防范恶意软件的传播，而关闭网络上的端口和服务则会大幅减少被攻击的可能。”

充分的准备和科学的管理在阻止网络攻击方面也发挥着重要作用。Herzog 说，“钱，买不来安全，一定要进行科学的规划，付出足够的努力才行。比如，工作人员在劳累了一天后会更容易被攻击者愚弄，最好多给他们一些休息时间，这种做法就很好。休息可以帮助我们理清思路，更不容易在攻击者的伎俩和诱饵面前上当受骗。”

刚入职的那段时间，Herzog 曾以为仅靠反复强调网络犯罪的威胁就足以提醒人们在工作中保持小心谨慎。“我太天真了，”他回忆道，“人们知道网络犯罪无处不在，他们很明白这一点。然而，攻击的手段几乎是无穷无尽的，所以，用以往发生过的戏剧性攻击事件提醒人们注意，对于帮助他们准备好应对未来的攻击其实真没什么用处。”

培训、上课、定期提醒都很有必要。“智慧城市的管理者要提醒大家不要单击看上去很陌生或是有问题的链接。”他说，“网络钓鱼仍很严重，所以要提醒大家千万不要随便单击链接，一定要仔细检查。这里讲的链接，当然也包括通过一些社交媒体发送的内容。”

系统管理员们还需要接受态势感知方面的培训，因为他们在保护智慧城市免受网络攻击中扮演着绝对重要的角色。Herzog 说，“安装了门锁，但如果不关门，门锁就起不了作用。”

说服系统管理员把更多的时间花在网络安全（他们常常认为这是次要工作）上，而把更少的时间花在维持系统高效运行（他们常常认为这是主要工作）上可不容易。“你得向每一个有管理权限的人展示系统是如何被攻破的。让他们亲眼见识攻击者如何操纵和愚弄他们，见识工作重点的调整如何避免

自己被人打个措手不及，又如何将攻击成功的可能性降至最低，”Herzog 说，“懂得这些之后，他们会成为更出色的网络安全卫士。”

智慧城市的 CISO

智慧城市承认并理解网络漏洞会带来风险。它们会制定防范攻击、降低风险和战胜黑客的策略，也会懂得如何从攻击中快速恢复，即使关键系统被人攻陷。

每个智慧城市都需要一位首席信息安全官（CISO），这个职位不仅与首席信息官（CIO）不一样，事实上，两个职位之间还经常存在矛盾。

对智慧城市的居民来说，CIO 的价值在于选择、部署和维护最好同时也最适合他们的技术。CIO 向来热衷于搜罗酷炫的创新技术，让城市居民的生活更轻松、更快乐。到了晚上，CIO 会回家睡觉，安安静静地睡觉。

相比之下，CISO 每时每刻都处于焦虑状态，因为黑客和网络犯罪分子每周 7 天都在昼夜不停地工作。CIO 的梦想是利用技术实现更光明的未来，而在 CISO 的眼中，每一款新应用、每一台新设备都面临着危险。

CISO 的脑海里全都是各种各样可能会出错的事情。他们会用目光扫射每一个角落，一旦有黑客窃取关键数据或是有网络犯罪分子使重要公共设施罢工，他们要有办法应对。

CIO“创造”价值，而 CISO“捍卫”价值。这两个职位其实很尴尬，表面上可能很友好，实际上相互之间是矛盾的。从 CISO 的角度来看，每一项新技术都是在为黑客扩大攻击面，每一个新系统也都是在开辟新的攻击平台。CISO 认为 CIO 是无药可救的乐天派，而 CIO 认为 CISO 是无药可救的偏执狂。

上下级关系和网络关系

CISO 负责确保城市每个部门都严格遵循同一套网络安全规则。理想情况下，每个部门都会定期接受审计，确保合规。审计员会检查各部门是否已对网络实施了有效的控制，他们会通过渗透测试发现其中的漏洞。

Moschovitis 说，“审计员让每个人都很诚实，但是做这项工作需要懂得一些专门的网络安全技能，而掌握这些技能的人实在是太少了。经验丰富的网络审计员简直很匮乏，聘用成本很高。”

聘用经验不足的审计员的成本虽然没那么高，但他们水平有限。“随随便便给某人递一张（任务）清单，就指望他能保证城市挡得住网络攻击，那是不可能的。”他说，“网络安全不是靠墨守成规就能做好的，从递清单那一刻开始，你就已经失败了，因为黑客同样会拿到那张清单，清单就是用来攻击你的炸弹。”

CISO 还要确保人们严格按照变更管理的步骤进行系统换代或升级。Moschovitis 解释说，“一个部门用 B 系统取代 A 系统的时候，必须按照规定执行相应的变更管理协议，你不能随随便便就把事儿给办了，特别是当更换的系统与城市其他系统是相互连接的时候，否则可能会给各种复杂系统带来巨大的安全漏洞。”

人与设备互联的世界

在大城市，每个部门都会有自己的 CISO，他们除了要监控所在部门的网络安全之外，还要担任市级 CISO 的助手。

市级和各部门 CISO 之间不仅是上下级关系，事实上也形成了一种网络关系，反映了城市本身的特质。智慧城市不存在独立运行的设备、应用和系

统，一切都是相互关联的，在某种程度上甚至是相互依存的。例如，火车站的自动售票机看起来像独立设备，但它们与城市的交通、金融和电力系统相互连接。如果自动售票机除现金外也接受信用卡支付，还要与私营金融机构连接。

地铁系统中负责检测列车靠近的小型传感器同样既是独立设备，又是网络节点。从本质上讲，每台设备、每个应用都扮演着双重角色。这是一个很有趣的现象，同时也是物联网（IoT）的一个基本特征。几年前，美国国家标准与技术研究所的专家就预测过，智慧城市将成为“物联网的最佳应用实例”。

他们是对的。智慧城市是物联网的子集，二者也都是互联网的子集。用“智慧”来形容这个结论是不够的，这是一个非常可怕的事实。互联网的确有很多特质，但安全不是其中之一。

举个例子，智慧城市就是物联网的孩子，同时也是互联网的孙子，祖先的优势和劣势，智慧城市身上全有。它们的用途很广泛，也确实可以加以利用，但是保证它们的安全实在是太难了。安全性之于智慧城市就如同氪星石之于超人。

智慧城市必须克服自身对网络犯罪的恐惧。这不是说城市应该忽视网络犯罪的威胁，而意味着城市应该直面威胁而且尽最大努力去做。

Meyerrose 说，“在网络安全领域，人们总是担心有些事情不可避免，但也总有办法让可能的事情成为现实，二者始终在相互角力，重要的是不要让恐惧阻碍自己做事，安全性不够完美也没关系。还记得熊追人的典故吗？你不需要比熊跑得快，比最慢的人跑得快就够了。”

第 9 章 找到平衡

数据和数据科学会在智慧城市建设领域发挥巨大的作用。10 年前，写书的人还常常把数据称为“新时代的石油”，回想起来，这种比喻还是太局限了，数据更像是新时代的金钱。你如果觉得言过其实，不妨了解一下数字货币市场。

数据是数字货币之母，比特币、以太币、瑞波币、达世币、门罗币以及斯蒂姆币，尽皆如此。它们都是百分之百的“虚拟货币”，除了数字世界，没有第二个家园。

几个世纪以来，人们一直就金钱的本质争论不休，有人说“钱是万恶之源”，也有人说“金钱使世界运转”。如今，同样的一幕在数据身上发生了。

数据能帮助医生找出癌症患者的最佳治疗方案，也可能延长待判重犯的刑期。

本书对数据和数据科学持乐观态度。我们清楚数据会以何种方式被误用，但我们坚信，只要使用得当，数据定能造福于人。因此，本书纳入了大量的信息和实例来证明数据和数据科学在智慧城市中可以产生的价值。

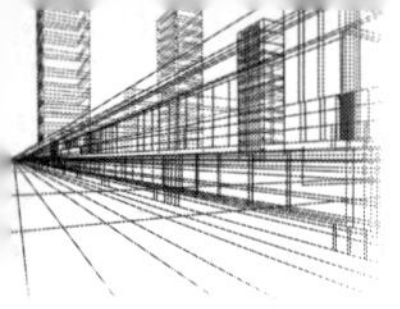

用数据造福

“智慧城市其实就是大型的社交活动中心，人们在里面健康生活，准时上班，也不必担心过马路的时候会撞上车，”DataKind 创始人兼执行主任 Jake Porway 这样说道。DataKind 是一家非营利组织，致力于为关心社会问题的数据科学家和专门从事解决复杂人道主义问题的组织提供交流的平台。

“对我们来说，‘用数据造福’意味着用尖端的数据科技——如人工智能和机器学习——来解决社会问题，从而为人们提供真正的帮助，”Porway 说。

智慧城市可以利用数据科学来判定哪些路口最危险；哪些措施最有可能减少事故；哪些家庭需要烟雾报警器；哪些学校需要监控潜在暴力行为；哪些水源最容易含有污染物；哪些公园游人最多，需要多加维护以及哪些社区最需要警察加强夜间巡逻等。

Porway 说，“我们亲眼见证数据科学和数据科学家在智慧城市中扮演着重要角色，数据科学不仅让大家更清楚地了解正在发生的事情，还能揭示那些可以帮助城市更好地分配资源的隐性规律。”

Porway 说，“数据科学家备受推崇，当然待遇也很好，他们中也有很多人愿意一展所长来帮助全人类，但他们最需要的其实是机会，用技能和经验来解决城市中社会问题通病的机会。”

Porway 说，“在我认识的数据科学家中，相比于耗费整个职业生涯来优化搜索引擎项目，他们大多数更愿意帮助其他人，他们都是智慧城市可以善加利用的充沛资源。”

在微软的支持下，DataKind 与“零事故愿景”（Vision Zero）达成了合作，共同在纽约、西雅图和新奥尔良三座城市为减少交通事故致死人数、规划更安全的街道，以及完善人行道设施而努力。“我们需要非常精确的信息……

我们需要知道车辆在每一个街区的具体位置。凭借数据和预测分析技术，我们能够掌握事故发生的时间和地点，” Porway 说。

成功的关键在于学会如何与不同的机构和利益相关者展开有效的合作。Porway 说，“我们与警察局、卫生部门、运输局，以及很多私营企业和非营利组织都建立了合作关系，从中得到的一大经验是智慧城市项目涉及很多跨部门合作。”

位置的重要性

在第 2 章中，我们简要讨论过地理信息系统（GIS）及其在帮助城市开发数据用途方面的作用。本节我们将深入探讨 GIS，详细说明为什么 GIS 是智慧城市生态系统的重要组成部分。

“知道了确切的位置，城市中存在的一切事物就都会很有用，也就是说城市的所有重要数据都可以，也都应当与具体地点相关联。但是，不是所有的原始信息都有地理位置方面的内容，” Esri 公司城市问题研究主管 Amen Ra Mashariki 如是说道，该公司是制图软件及空间分析领域的一家全球供应商。

例如，城市的预算资料一旦关联了位置信息，就会拥有无法估量的价值。换句话说，仅仅知道花了多少钱是不够的——还必须知道钱花在了“哪里”。

Mashariki 解释说，“如果知道城市的钱花在哪里，就会有更清晰的认识，反过来也让规划部门更清楚预算的分配是否公平，是否用到了最需要的地方。因此，GIS 不仅可以让人们了解哪里最需要资金，还可以让人们明白钱花的是否有成效。”

在加入 Esri 之前，Mashariki 曾在纽约市政府当过首席分析官，他具备城市运营领域的第一手经验，又懂数据科学，这使他在相关问题上拥有自己的独特观点。他认为，没有 GIS，就没有真正的智慧城市。

他说，“GIS 是掌握空间位置的利器，没有它，城市根本不会有足够精确的数据，也就无法在此基础上做出科学的决策，位置信息使规划部门和公民知道问题发生在哪里，也使他们知道从哪里下手解决问题。”

Mashariki 回忆，“纽约南布朗克斯区在 2015 年夏天曾爆发了军团病，导致 86 人感染，7 人死亡。市政府想方设法找出了感染源——长满病菌的冷却塔——然后利用 GIS 给这起事件加注了‘地点’和‘时间’信息，”他解释。

在 MODA（市长数据分析办公室）掌握了感染源和扩散范围之后，纽约市议会一致投票通过了一项严格的规定，要求凡是发现军团菌的冷却塔都要登记、检查、清理和消毒。

还有另外一件事，一些“稳租房”的房东涉嫌骚扰低收入租户，他们想让租户搬出去。“他们使的招数是维修房子，耗费很长时间，程序搞得很复杂，这样就没法住人了，租户只能搬出去，然后房东再以高价租给其他人，”Mashariki 解释。但是很难判断哪些房东是在骚扰租户，而哪些是在合法地维修房子。“于是 MODA 建了一个‘骚扰时间线’模型，纳入了多方面的数据要素并进行了分层，”Mashariki 说。另外，该市还应用了 GIS 来分辨何处的“稳租房”更可能发生此类骚扰事件。

使用该模型的效果很好，确定了 1000 个有可能出现骚扰事件的地方。Mashariki 说，“有关部门对 16 处建筑进行了调查。”然后顺理成章地拘捕了几个人。

“你不必成为科学家，也可从定位数据中受益。”他说，“在含有大量数据的地图上，重要信息都会在相应的地理位置中显示出来……在此基础上的个人都能做出合理的决定。实际上 GIS 以这种方式实现了知识的民主化。”

Mashariki 说，每次发生灾难，应急部门都会提出同一个问题：这种事以前在哪儿发生过？“地图有它独特的讲故事的能力，”他说。以大多数人都容易理解的方式来反映复杂的数据。

Mashariki 举的例子充分展示了智慧城市如何利用数据的内在价值来帮助公民并改善他们的生活。然而，也不是所有的数据采集和分析工作都有这么显而易见的好处。下一节我们来看看智慧城市例行采集和分析的数据在运用过程中引发的一些问题。

难题

智慧城市和数据之间密不可分，相互依存，装作不知道这一点就不单单是愚蠢了，而会非常危险。没有数据，就无法管理庞大而复杂的系统，最终一切都会陷入停滞状态。

对数据进行不间断的采集和监控将成为智慧城市的通行做法，不同事物之间任何有意义的互动都会受到跟踪和监控。这不是选不选的问题——如果没有连续不断的监控、分析和改进，智慧城市的系统和程序该怎么运转？止步不前并非智慧城市的选择。管理多个系统构成的大体系，目标应该是不断完善和改进，而不是维持现状。

大多数人对于从机器和系统中采集数据不会有什么意见，但是，智慧城市也会采集有关人类的数据。有时候，这会让我们感到很不舒服。

每天都有数不清的居民、上班族和游客在城市中做着日常生活中各种各样的事情，他们会逛街、乘公交和地铁、搭电梯、进出大楼、出席公众活动、买东西、送孩子上学、参加朋友聚会等，如果你认为智慧城市不会采集这些数据，那就太天真了。

大规模的数据采集当然会引爆成千上万个问题。这里有一个容易回答的问题：智慧城市会采集数据吗？答案是肯定的。

其他问题回答起来就没那么简单了。下面列举几个大范围采集数据时会面临的难题：

城市采集的数据用来做什么？

谁来决定采集的数据可以做什么？

谁来限制能采集哪些数据，不能采集哪些数据？

谁有权查看数据？

谁有权使用数据？

谁拥有这些数据？

谁负责保证数据质量？

谁负责保证数据安全？

如果数据泄露或被窃，谁负责？

采集到的数据会在一段时间后删除还是会永久保存？

引起如此多难题的并不是数据本身。数据要与算法结合起来才能产生对决策有帮助的信息，这些决策小到要不要打开路灯，大到要不要给受指控的罪犯安排保释等。

算法是解决问题的数学工具。我们非常熟悉的方程，例如 $E=mc^2$ 和 $a^2+b^2=c^2$，代表的是永远不变的公理，而算法不一样，它会随着时间的推移而逐渐过时。它们需要被不断完善和改进，有时甚至要推倒重写。不能随随便便写一个算法把数据灌进去，就一走了之。

作为公民，我们要对算法提出一些更严肃的问题：谁来写这些算法？谁来判断算法是否有效？谁来审查算法是否公平？谁有权判定算法是在帮助人们还是在伤害人们？如果有人认为自己受到了算法的不公正对待，谁来帮他处理这个问题？

算法偏见

算法是人写出来的，这不可避免地会反映出“作者”的偏见。在《数学杀伤性武器》（*Weapons of Math Destruction*）一书中，曾在华尔街当过股市分析员的作者 Cathy O’Neil 举了很多例子来说明，算法会在很多领域（如信用评分或是监禁判决）制造新的不公，还会加剧现有的不平等现象。

O’Neil 是一名数据科学家，懂得好数据所具备的价值，同时也敏锐地意识到一旦数据科学被人滥用，会引发什么样的风险。书中讲了关于某个学区的悲惨故事，那个学区用算法来对教师的表现进行排名，结果却把一些最好的教师给开除了。

算法的问题在于，虽然它们“看起来”很科学，但实际上只不过是数字工具而已。大多数辖区的法律对人类的要求远远高于算法，而一旦意识到算法的力量正在逐步超越人类，我们就会发现这样的情况很令人不安。在讲述学区利用算法给老师排名的事件时，O’Neil 干净利落地提出了一个问题：

> 让算法来处理海量的统计数据，在谁是风险贷款人，谁是恐怖分子，谁是不合格老师这些问题上就会得出概率。而概率会被量化成分值，这就有可能彻底改变一个人的人生。

然而问题在于，如果有人因为某个有缺陷的算法受到侵害并准备发起申诉，人们会让他拿出铁证来说话。可惜除非是精通技术的数据科学家，否则谁能比得过一个有问题的算法。

随着算法在生活中扮演着越来越重要的角色，其固有的局限性正变得越来越明显。算法虽然带来了风险，但是我们没有回头路。出于很多原因，我们不会停止使用计算机，因此，我们也不会停止使用算法。

事实上，算法的运用会越来越广泛和深入。智慧城市不仅需要大量能平稳运行的计算能力——它们还需要人工智能。从本质上讲，人工智能自学如何分析数据，如何编写算法。在出问题之前，一切都很好。汽车发生故障时，我们会抬起引擎盖检查发动机，看水箱的水管有没有破裂，风扇的皮带有没有松动。但是我们没有办法抬起人工智能程序的引擎盖——即便是最顶尖的科学家和数学家也不能彻底弄清楚它们的工作原理。人类这个物种正在迅速挺进未知领域，在这个领域，我们还没有发明出能带我们回家的指南针。

早在20世纪50年代，科幻作家艾萨克·阿西莫夫（Isaac Asimov）就提出了机器人世界的三大定律，使人类在接受机器人的服务时能保证自身的安全。在有关人工智能的讨论中，阿西莫夫的三大定律经常出现。

不幸的是，这三大定律在现实生活中并不存在。我们与人工智能的法律关系就如同我们在注册免费软件（如Gmail、Facebook、Twitter和领英）时自动接受的用户协议，我们真的不知道我们同意了什么，放弃了哪些权利，面临着哪些风险。

机器人至少还“看得见”，而人工智能，大多数情况下是不可见的。通过编程，它们早已栖身在各大科技公司销售的各种软件产品中，苹果、谷歌、微软、IBM、甲骨文、亚马逊，比比皆是。创业的年轻人离不开风投资本的资助，所以无论他们做的是什么，总会有某种形式的人工智能嵌入其中。很快，人工智能就会出现在我们使用的每一款产品、每一项服务中。

智慧城市使用的大多数智能程序都会由人工智能负责操作，这是我们必须面对的现实。人工智能不再是科幻小说中的场景——它会成为我们日常生活的一部分，而且越来越普遍。

社会则需要为人工智能的运用制定相应的标准，要让它们为自己的决定负责任。如果人工智能犯错，我们要有办法迅速查出原因，也要有手段在不危及关键系统整体运行和人身安全的情况下换掉出问题的人工智能程序。

对任何一种人工智能，我们都有必要问一问下面这三个重大问题：

1. 它会做该做的事情吗？

2. 它会解释自己的决定吗？

3. 它会帮助人类还是伤害人类？

第一个问题和第三个问题应该比较容易回答。第二个问题比较困难，因为人工智能很难“解释”自己的决定。人工智能是通过筛选大量的数据来做出决定的，大数据是人工智能的基础——也是它们“智能”的原因。但是，人工智能在训练过程中用到的机器学习技术对人类来说是不透明的——我们无法窥视人工智能的“思维”，也就没办法准确理解它是如何得出结论的。

今天，大多数人工智能都像魔法箱一样运行——放入数据然后呈现结果。很多人对这种缺乏透明度的现状感到不安。

这也因此引发了人们对“可解释的人工智能”或“可理解的人工智能”的呼唤。现在预测此类人工智能会不会成为事实还为时尚早，但我们已朝着正确的方向迈出了一步。

我们能否预防犯罪

一个多世纪以来，执法部门一直在利用技术处理犯罪问题，而利用技术来预防犯罪则是一个相对比较新颖的想法。在著名的电影《少数派报告》描绘的未来社会中，警察能在人们犯罪“之前”将他们逮捕。这是一部令人深感不安的电影，在过度依赖技术带来的危险这个问题上向我们传递了一个不能说是无关紧要的信息。

话虽如此，警务工作的前置化已经催生出了一个规模不大的行业。纽约、芝加哥、洛杉矶、新奥尔良，还有其他部分城市已经开始尝试警务前置，效果如何尚无定论，而且存在争议。

“谁来监督这些预防性技术？”哥伦比亚特区大学戴维 • 克拉克法学院教授、《大数据警务的兴起》（*The Rise of Big Data Policing*）的作者 Andrew Guthrie Ferguson 提出了疑问。

Ferguson 有理由担心，一些政府部门只会从供应商处购买复杂的技术解决方案，而忽视其有可能存在的缺陷，也不考虑应该承担的长期责任，如解决方案中用到的算法应该连续不断地更新和完善。他在书中建议地方、州和联邦三级政府每年举行“监督峰会”，以便“审计、评估和解释用于相应社区的大数据警务监视技术”。

危险苗头

倾向于相信技术的力量是我们的一种文化习惯，所以想用技术来解决犯罪等社会问题并不奇怪。但犯罪是一种复杂而多维的现象，没有哪两次罪行会完全一样。有时候没有任何迹象就发生了，而有时候会出现一些危险的苗头。

在通常情况下，我们无法阻止自发的犯罪行为。但是，如果能有一系列危险信号提醒我们很可能会出现暴力犯罪，我们当然能把工作做得更好一些，从发现苗头到分类整理，再到做出有效的反应。

毫无疑问，智慧城市会拥有比以往任何时候都更有效的人员跟踪和监控手段。无法回答的问题是智慧城市在监控个人和群体这条路上会走多远。我们能猜到的最好的结局是，每个城市都会根据自身的文化和经济需求制定自己的一套规范。各国政府可能会尝试制订标准，但监视到哪种程度更合适，也更符合实际，恐怕还要由城市本身来决定。

智慧城市会不会尊重隐私

另一个无法回答的问题是隐私。身处被摄像机和传感器包围的城市还期望有隐私，这是否合理？

Jeffrey Blatt 是一位专门研究网络安全和数据隐私问题的律师，他称自己是“数据隐私现实主义者”。他认为，在一个严重依赖先进数字技术并大规模采集数据的世界里，在隐私和安全之间谋求平衡正变得越来越困难。“我们已经看到天平正在向执法和安全倾斜，”他说。

“我完全理解，也非常欣赏智慧城市带来的效率和效用，”Blatt 说，“智慧城市肯定会是一个更安全、更干净、更有效、更美好的居住地……但是我们不要欺骗自己——隐私和匿名会成为牺牲品。”

当然，Ferguson 也没那么悲观。“可以在智慧城市的监控系统中建立一个隐私保护架构，”Ferguson 说，“但这件事必须提前做，否则就为时已晚了。”

与商业公司打交道时，我们都会不厌其烦地一再强调隐私问题，但在智慧城市中，隐私的终极仲裁者是政府，Ferguson 如是说。

反击

无论在哪个社会，公民都有自己的责任和义务。在智慧城市中，如果认为政府侵犯了自己的权利，我们有责任保护自己的隐私并发起反击。当然，在某些情况下，这种事说起来容易做起来难。

“我们可以搬到另一个城市去，”Ferguson 说，“也许人们可以选择智慧城市，也可以选择‘不那么智慧’的城市。也许有些地方的居民不会受到监视。”

他还说，对于这个问题社会还没有想到那么远。我们没有讨论在城市的智慧化进程中一定会浮现的问题：监视到哪种程度才算是过度？安全与自由

之间的平衡点在哪里？谁有权做出判定？

在本书的编写过程中，就如何平衡各种基本需求（如安全、保障、效率、出行、尊严、经济机遇、可持续性、弹性、隐私和自由）所面临的挑战这个问题，我们进行过多次探讨。我们不认同二元对立的观点，这也绝不是一个单选题。

智慧城市会变成实验室，永远都在做实验。实验不会给出答案，它只会产生更多的问题。这就是科学实验的本质，是人类对知识永恒的探索。智慧城市同样也是科学实验，而且由于我们大多数人都住在智慧城市中，我们也会直接参与实验。我们每个人受到的影响会不一样，但实验结果对我们都很重要。

很多人会在这个过程中感觉不舒服。我们能给出的最好建议是，保持谨慎并始终牢记，无论其他人告诉我们技术有多么先进，多么无懈可击，我们都不能把属于人类的责任交给技术。做事要符合道德始终是我们的信条，即使在最智慧的城市里，也不会改变。

下一章，我们会近距离观察智慧城市的各种演变和成长方式。

第 10 章 复杂假象

书是从 2017 年秋开始落笔的。在最早进行的几次采访中，我们遇到了一些怀疑论者，他们告诉我们智慧城市建设已经走进死胡同了。他们还说，智慧城市概念对一个像我们这样不守规矩的世界来说太过理想。

地方政府已经意识到光靠技术建设不了智慧社区，也放弃了一些华而不实的项目。智慧城市技术市场就此疲软，原先看涨的分析师开始看跌。

尽管困难重重，智慧城市的理念依然有生命力，只不过实施路线图已经有了变化。智慧城市（以及智慧小镇、智慧州县、智慧地区和智慧国民）不再以技术供应商为主要依靠力量，而是开始研究自身的解决方案。

我们在本书中描述的大多数项目都是真实的项目。特拉维夫、达拉斯和爱沙尼亚的项目依靠巨额的资本投资。事实上，它们都是用最少的资金完成的。

智慧城市建设没有消亡——它发展得很好。只是早期阶段更多地反映了全球科技巨头的价值观，还有它们对市场的敏感性，这不足为奇，科技巨头们当然会把智慧城市当作销售产品和服务的绝佳机会。

如今，智慧城市不过于依赖供应商，而愿意自己开辟道路。智慧城市从以开发低成本 DIY 解决方案为荣的创客运动中汲取灵感，这样的方案升级起来很容易，而且一旦出现更新、更好的东西，随时可以淘汰。

别搞错了：智慧城市建设并不是可以自由参加的竞赛。路线图依然存在，只不过是升级后的版本。旧版本大多是自上而下的思路，而新版本则混合了自下而上、自上而下以及垂直模式。

在研究进入总结阶段的时候，我们发现了一篇优秀的文章，由哈佛大学地理分析中心（Harvard University's Center for Geographic Analysis）的高级研究员Josh Lieberman与其他人共同撰写。Lieberman和他的合著者Simon Chester在文章中就《智慧城市互操作性参考架构》（SCIRA）提出了自己的观点。文中对SCIRA是这样描述的（节略）。

城市行政机关在利用物联网、感测网和地理空间信息等技术，规划、采购和建设符合标准化、划算的、无关厂商以及能经受未来考验等要求的智慧城市信息系统和网络时，可以使用《智慧城市互操作性参考架构》免费提供的安装部署指南和可重复使用的模型。

在系统体系方法论的基础上，《智慧城市互操作性参考架构》为智慧城市部署信息技术定义了互操作性方面的相关要求，这意味着城市行政机关可以逐步、逐项地完成智慧城市建设任务，现阶段的系统建设思路应该既能与未来的系统扩展兼容，又能成为未来系统扩展的基础，还可以让未来的系统扩展从中受益。

我们后来与Lieberman进行了交谈，他的见解相当有趣。

智慧城市是在多个尺度上运行多个系统体系，应对不同程度的挑战需要不同的策略和方法。然而，同时应对多种程度的挑战需要不同程度的一体化和互操作能力，没有开放且基于标准的方法必定难以实现。

为什么需要开放且以标准为基础的方法？有以下几个原因。首先，没有开放且以标准为基础的方法，无法保证一家供应商提供的解决方案能与另一家供应商共用。其次，开放且以标准为基础的方法可以使已部署的解决方案更容易修改、升级和完善。下面是《智慧城市互操作性参考架构》中的另一段节略。

例如，一座城市先是在全市范围内使用了机动车流量和道路拥堵视频监控系统，而一段时间后打算增加对人行道的监控，这个时候很有可能出现的情况是，由于前一个项目采用了专门的格式，数据会在系统中成为“烟囱”。于是城市可能需要重新找到原来的供应商向其购买人行道监控软件（如果有），否则就得从另一家供应商另行采购人行道监控摄像头以及相应的后台数据处理软件，而且还要采购其他系统来集成它们。

但是，如果摄像头的数据采用的是开放格式，那么任何一种分析软件都可以“调用”摄像头的数据源，从而为城市节省新设备的采购成本和增加的数据传输成本。这个道理不仅适用于视频监控设备，还适用于其他任何感测或数据采集设备——智能垃圾桶、路灯、空气质量监测、水位监测等。

以街区停车场系统、全区垃圾检测系统以及全市“911”报警可视化系统为例，它们都是独立运行的系统，具有不同的作用范围，如果它们都采用开放的数据格式并且通过开放接口相连，就可以共用一套视频设备。

Lieberman 说，“开放式标准对互操作性至关重要，而在复杂的智慧城市生态系统中，互操作性又是实现敏捷性、弹性和持续完善能力的关键”（如图 10.1 所示）。

在本章后面，我们会介绍智慧城市发展战略的演变，同时概述智慧城市的不同发展阶段。以下执笔人是我们的好友，“蜂联智慧城市”（Bee Smart City）的联合创始人 Alexander Gelsin、Bart Gorynski 和 Thomas Müller。“蜂联智慧城市"是一个旨在增进行业协作并推动智慧城市解决方案落到实处的数字平台。如果对智慧城市解决方案感兴趣，请访问"蜂联智慧城市"网站并通过数据库搜索结果。

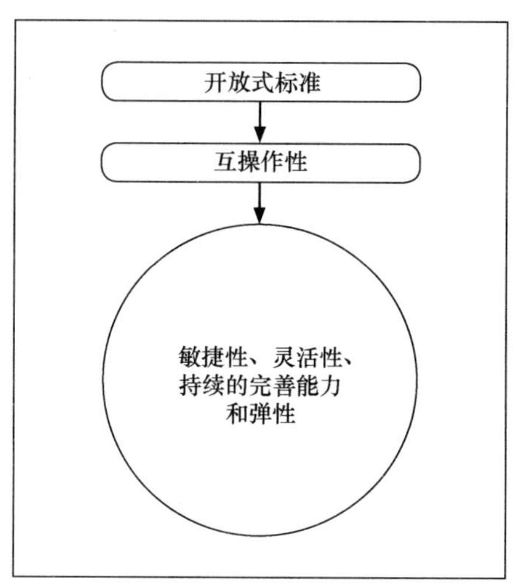

图 10.1　开放式标准对互操作性至关重要
来源：Josh Lieberman。

渐进式发展

智慧城市能帮助市民克服困难，抓住机遇，在更高程度上实现个人的可持续发展，使他们的工作更高效，事业更成功。同时也用非常真实、具体的方式改善和提高公民的生活质量。

虽然听上去很简单，但是通往"智慧"的道路还是很复杂的，既要熟练协调多个利益相关者的行动，又要有能力安排好横跨整个智慧城市生态系统的不同解决方案在同一时间段的建设、试验和扩容工作。

在大多数情况下，这意味着要反复进行试验，包括试错。目前可能已经有很多解决方案用不同的方式解决同一个具体问题。每座城市都在不断改善市民的生活水平，也在不断提高各具特色的社会团体和文化团体的建设水平，伴随着这一进程还会有更多的解决方案出台。于是就会有很多解决方案投入试验。人们一般会认为，解决方案越多，从中选出合适的方案就越容易，但事实并非如此。不经过一而再，再而三的思考，怎么可能保证选出的方案能符合目标群体的需要？

随着时间的推移，推动城市向前发展的总体战略也在发生变化，这样才跟得上“智慧城市应该是什么样”和“智慧城市应该如何发展”等想法的变化节奏。我们认为，这个过程就是智慧城市发展战略的演变。

演变中的发展战略

城市如何才能变得更“智慧”？研究城市问题的战略学者 Boyd Cohen 定义了智慧城市发展进程的三大时代（或者称为三大阶段）。

第一代智慧城市发展战略在很大程度上是城市与科技巨头之间的合作成果，其特点是试图使用新技术来解决城市政府界定的各类都市病。按照这种模式开发的解决方案可以提高城市的日常效率，其由上而下的总体规划思路往往对处于智慧城市发展初级阶段的城市政府具有很大的吸引力。

但是人们后来重新思考了技术的作用，认为更应该把技术看作是一种手段，而非解决方案本身。出于这种认识，第二代智慧城市发展战略开始主要把技术的运用当作一种手段，帮助改善城市居民的生活质量；无论如何，它们构成不了可以容纳整套智慧城市解决方案的平台。

技术在第二代智慧城市发展战略中的作用甚至可能还不如在执行同一项任务的不同人员之间加强联系那么大。第一代和第二代智慧城市发展战略主要是城市政府的力量在推动——都缺少公民的声音。

第三代智慧城市发展战略对智慧城市的发展模式进行了重构，确立了以

市民为中心的原则，承认个人在智慧城市解决方案制定和实施过程中的重要性，因为这些解决方案要依照社区的需求和关注重点来量身定制。以市民为中心的思路有利于城市居民参与城市的创新和治理——这也是“民有、民治、民享”理念的一种表现形式。

推行这种可称作“以用户为中心”的模式让全体人群普遍接受和落实新的解决方案变得更容易，也更能把重点放在客户（市民）的需求上，从而在无须强行推广的情况下使人们明白，模式的目标是明确的，好处是明显的。这种“共创”模式可以使城市社区更宜居、更繁荣。

成为智慧活动家

一个新角色出现在了第三代智慧城市发展战略中：智慧活动家（Smartivist）。智慧活动家，是指工作积极性高、技术高度熟练或二者兼备的人。智慧活动家可以带领社区居民推动智慧城市解决方案的创新和落实，他们的工作有些是用实际行动支持方案的制定和实施，有些则是在其中某件事上积极发挥个人作用。

智慧活动家既可单独行动，又可发起“共创”性质的倡议，如成立新的协会或网络，专门为特定问题找出解决方案。无论是单独行动还是团队合作，他们都是所在社区的重要赋能者。

如前所述，技术在智慧城市的发展进程中扮演的是手段而非平台角色。技术起的是促进作用，不是驱动作用，记住这一点非常重要。

技术必须服从于人类的需要。建设智慧城市依靠的创新理念和解决方案是由全部利益相关者——政府、企业、学术和研究机构成员以及城市每一位居民——所构成的四重螺旋体制定的。各利益相关者应该加强团队合作，发扬协同精神，推动智慧城市的发展。

因此，第三代智慧城市成功的最重要因素是相互之间增强合作的能力。一旦所有利益相关者都准备好并且能够携手合作，城市就可以在朝着智慧前进的道路上迈出第一步。

智慧城市的发展过程

踏上智慧城市之旅的城市，都要遵循一条必然的发展路线。第一步是摸清现状——目前是什么情况？准备往哪个方向发展？当前的服务水平怎么样？以何种方式提供？可持续性如何？是否真的可以满足目标人群的需要？这些问题都应该进行彻底的评估。会不会有哪项服务本应由全体市民享受却漏掉了某个群体？一些作用很大的助推力量，如城市与外界的互通互联（包括人、物和信息），也应该被纳入考虑范围，医疗和教育质量同样如此。

上述问题有些可能很快会得到答案，它们将是下一步可以依靠的关键力量。清楚自己的机遇或者优势之后，就可以让它们在第二步发挥作用：详细列出需要处理的问题和困难，从而朝着目标更进一步。

接下来的工作是把这些困难和机遇分出轻重缓急。在第三代智慧城市中，确定哪些问题需要解决、按什么顺序解决，这些离不开大家的通力协作，但由于城市的资源有时很有限，我们建议首先找一个期望值比较低的，这样才能以更快的速度、更简单的方式和更低的成本加以解决。也就是说，以更快的进展换取市民生活质量的改善。

至于大家的通力协作，意味着市民也要参加问题的评估工作，并就他们所面临困难的急迫程度和重要性发表自己的意见。这种协作式的工作方法有利于发现那些连贯性的问题（一个问题的解决会使更多问题逐步得到解决），这也是通往智慧城市道路上的重要一步。

最后一步是采取措施解决挑出来的问题。有时，其他地方的成功经验可以适用于类似的状况，而有时，开发新的、定制化的解决方案又少不了创新。

实际上，这些步骤描述的是一个持续性的评估、创新和行动过程。而要取得成功，智慧城市发展战略就必须把注意力放在面上——不能局限于个别的点。

六大行动领域

在所有利益相关方的通力协作下，城市可以在六大行动领域广泛推动创新，大步向前发展。我们称这六大领域为“智慧城市发展指标”。

六大领域的同步发展形成了一个整体战略，涵盖了城市生活的方方面面，正好与 Boyd Cohen 的“智慧城市轮”（Smart Cities Wheel）理论遥相呼应。

以集体智慧推动六大领域的创新，可以促成一套完整的、以市民需求为核心的智慧城市解决方案生态系统。这种以人为本（以用户为本）的思想，加上方案在实施过程中发挥的作用，以及适用新技术的开发和运用，正是使城市变得越来越智慧的战略。

下面是各项指标的简要说明。未来 5 年，这六大指标（如图 10.2 所示）中的每一项都会引申出几十个甚至几百个细分标准。

图 10.2　智慧城市六大发展指标

来源：“蜂联智慧城市”平台。

智慧经济

智慧城市为新旧企业的成长壮大创造了适宜的条件。城市应当努力为创业公司和其他具有创业性质的活动创造良好的氛围，吸引投资者和新型高技术人才，朝着促进经济发展和增加就业机会的总目标奋力前进。

但是仅靠发展还不够，必须让智慧经济理念成为朝可持续方向转型和发展过程中的指导准则。推动智慧经济发展的举措将为所有利益相关者创造稳定而有利的条件。

智慧环境

城市规划部门要在人工建筑和自然环境之间保持平衡，尽最大努力为居民和游客提升城市的宜居性。同时也要出台相应的标准尽可能降低新建和既有基础设施对环境的影响。

智慧环境行动指的是为提高能效、改进水处理和垃圾处理水平所采取的行动。减少垃圾和排放——尤其是私家车的排放——常常是该行动领域的首要任务。

培养更加可持续的都市生活方式需要改变人们的一些习惯，而利用联网系统监控并协助处理污染物，以及转变城市的能源生产和利用方式，正是改变的一部分。

智慧政府

智慧政府会在自己和城市其他利益相关者之间建立牢固的关系。提高透

明度，以及利用各种鼓励市民参与的方法来推行共治理念，这都有助于建立人民对政府的信任。

智慧政府解决方案的目标是提高政府机关为企业和居民提供的服务质量，改善服务流程和扩大服务范围。他们也应当提高网络基础设施的建设水平，在持续关注安全问题的同时，确保数字时代的人人参与和人人平等。

充分运用新技术手段，利用开放数据平台为全城提供数据，鼓励公开创新，城市政府通过这些举措催生了新的智慧城市解决方案，同时也帮助自身提高了工作效率，改进了服务效率和效力。

智慧生活

为不分年龄、不分种群的所有城市居民优化生活环境并改进相应的管理办法，是智慧生活行动的目标，这也会直接影响人们的生活质量。行动的重点是打造电子化服务（如社交平台和扩大数字服务受众的解决方案），改善医疗服务水平和提高公民的安全感。

充分发挥无线物联网的作用并努力推动智能建筑的普及，不仅可以改善人们的住房条件和工作环境，还可以提高针对老年人和行动不便人士的服务质量。智慧生活行动要鼓励公民和社会参与并为此创造条件，从而让都市的生活更加充满智慧。

智慧出行

提高城市交通运输系统效率的举措，鼓励城市居民少开私家车、多乘坐公共交通工具的政策都属于智慧出行行动的范畴。它们可以改善当前交通运输服务的质量、提升服务的便利性、降低服务的成本，以及带来全新的出行选择。

各种智能实时交通管理技术都有助于提升公共安全，同时还能减少出行时间和机动车排放。当然后者也可以通过推广电动或自动驾驶车辆，以及鼓励拼车和共享单车来实现。智慧出行行动还必须在全市范围内整合不同的客运和货运模式，为用户带来更流畅、更贴心的出行体验。

智慧公民

公民之间充分的信息交流，以及伴随终身的教育和就业机会，都是智慧公民的重要特点。这个领域的行动会颠覆人们的交流方式，无论是同一社区内部还是不同社区之间，也无论是身处公共部门还是私营部门，最终都能提高信息和服务的获取效率。但实现这个目标必须由教育部门来推动，用教育来提高社会（包括数字社会）的包容性并实现人人平等。

推行教育领域的智慧化改革，以及在教育机构和潜在雇主之间建立联系，都有助于培养人才和推动创新，也有助于充分抓住劳动力市场创造的机会。这些行动会铸就富含包容性和创造性的学习氛围，吸引不同人群的参与，从而促进城市的发展壮大。

迈向第四代智慧城市

看起来智慧城市发展战略——从技术驱动的第一代，到以技术为手段、以城市为主导的第二代，再到公民共创的第三代——很可能会不断适应新的变化并继续演变下去。数字技术和互联网的进步催生了群体智慧，在此基础上，第四代智慧城市发展战略的雏形已经显现出来。

推动第四代智慧城市发展的是从所有利益相关者当中产生的群体智慧，

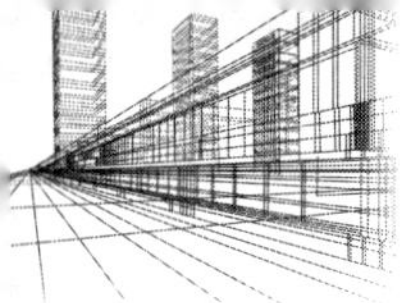

主要做法是通过线上平台在全球范围内汲取（效果最好）涉及智慧城市问题的各种解决方案、思路和知识，在地方一级促进城市和社区的宜居和繁荣。

在智慧城市发展战略从第三代向第四代迈进的过程中，学习其他人的有益经验，把经受住考验的解决方案和新思路结合自身实际加以调整后再推行（甚至直接用），都是合乎逻辑的下一步动作。类似“蜂联智慧城市”这样的线上信息和协作平台，对建设更透明、更灵活、反应速度更快、适应性更强的全新智慧城市生态系统可以发挥很大的作用。

我们大多数人迟早都会住在智慧城市。这些城市之所以叫作“智慧城市”，是因为它们配备了最先进的技术解决方案，还是因为它们向我们提供了享受幸福生活所需的一切资源，我们说了算。

只要我们充分发挥主观能动性，把智慧城市的规划变成每个人的事，我们就能决定究竟要为自己和后代创造什么样的未来。

附录 A
组织与委员会

本附录是一份精心挑选出来的，在智慧城市项目和计划方面承担信息咨询、专业服务、幕后支持等工作的不同类型的组织、协会、委员会和合作伙伴的列表。列表并不完整，因为活跃在这个领域并做出突出贡献的组织机构不仅数量大，还一直在增加。

美国公共交通协会（APTA）：轻轨、通勤铁路、公交、地铁、辅助客运、水上客运和高速铁路领域的行业协会，其成员来自相关政府部门和私营公司。

电子、信息、通信技术、电信和数字内容领域企业联合会（AMETIC）：由注重技术和创新的西班牙相关企业组成的行业联合会，吸纳了大量的就业人口，极富竞争力，在西班牙国内生产总值中的地位举足轻重，也是带动其他行业增长的高速发动机。

加泰罗尼亚中部地区农村发展协会：西班牙加泰罗尼亚中部最大的农村地区协会，旨在通过有效的管理手段，促进农产品、能源、森林资源、旅游和工业项目等行业的竞争力和专业水平。

柏林商业与技术合作伙伴：专门为柏林的公司、投资者和科研机构提供商业和技术领域的推广服务，他们的服务以定制为特色，以研究为导向，旗

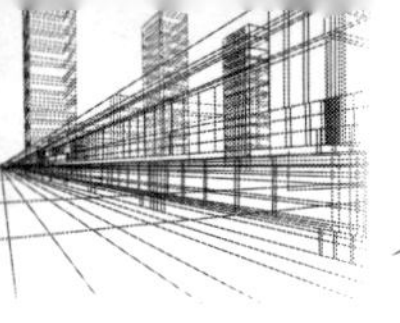

下众多专家通过各式举措帮助柏林的企业顺利起步，不断创新，扩大经营，确保今后的发展壮大。该组织建立了一种独特的公私合作关系，是柏林州参议院和 200 多家以发展柏林为己任的公司共同打造的成果。

英国标准协会（BSI Group）：英国在国家层面的标准工作管理机构，开展的工作包括认证、培训、研讨、会议、产品发布、展览会以及其他各种产品和服务，为会员企业提供帮助并建立质量标准。

英国建筑研究院（BRE）：英国建筑科学界的核心组织，成立于 1921 年，利用自身的研究成果为整个建筑行业打造新型的实用工具、产品和标准。根据其网站上的介绍，BRE 是“一个由研究人员、科学家、工程师和技术人员构成的创新型团队，他们的共同目标是为全人类建设更美好的环境。”

纽约大学城市科学与进步中心（NYU CUSP）：面向以城市信息学为重点科研和教学科目的大学成立的交流中心。该中心设在纽约大学坦顿工程学院并以整个纽约市为实验室，整合并发挥了纽约大学在自然、数据和社会科学等方面的优势，可以更好地了解世界各地的城市并促进其发展。

芝加哥全球事务委员会：一个无党派会员制组织，在重大全球性问题上有自己的见解，倾听来自全球的声音并独立开展研究，鼓励公众探索并就如何塑造全球的未来表达自己的观点。根据官网介绍，委员会的使命是针对跨越国界并且改变人、企业和政府与世界之间关系的问题开展深入研究并提出自己的对策。

中国城市和小城镇改革发展中心（CCUD）：一家成立于 1998 年的官方机构，职能包括在城市化问题上提供政策文件咨询服务，指导试点城市深化改革和加快发展，对中国、东亚和太平洋地区的社会经济发展和空间土地利用问题进行规划。

荷兰循环经济促进会：成员来自企业界和其他各类机构，致力于通过概念普及和对策研究推动“循环、无浪费”经济理念成为现实，促进循环经济的发展。

城市议定书：为相关理论的实际操作和协同创新制定了一个大框架，目标是推动各种“以城市为中心，不断改善公民生活品质的解决方案”成为现实。该框架主要针对城市问题，尤其适用于物联网。根据官网介绍，城市议定书的影响力覆盖了 40 个国家、80 个组织、350 位专家和 12 个城市项目。

城市科技和 UI 实验室：一所专门研究城市重塑和城市再生课题的联合实验室，不仅从理论上研究各种对策和方案，还可以开展实地试验。2010 年成立时叫作“智慧芝加哥”，以深化数字技术的运用为己任，现在这所实验室利用技术在促进商业发展和扩大就业机会的同时，提高了包容性、参与度和创新水平。

EIT Digital：由欧洲 130 多家大公司、中小企业、创业公司、大学和研究机构组成的合作伙伴组织，总部设在布鲁塞尔。EIT Digital 专注战略领域的投资，目标是加快理论型数字技术的市场化，促进欧洲创业人才的成长，同时确立欧洲在这方面的领导地位。

欧洲城市联盟：一个由欧洲各大城市组成的网络，方便成员城市通过论坛、工作组、项目等各类活动，分享认识、交流经验、分析常见问题并找出创新型的解决方案。该组织最初由巴塞罗那、伯明翰、法兰克福、里昂、米兰和鹿特丹等市的市长于 1986 年创立，如今已有 35 个以上欧洲国家超过 135 个大城市的市政府加入，总部设在布鲁塞尔。

欧洲能源效率基金会：总部位于卢森堡，致力于在欧洲通过节能措施和可再生能源的运用来缓解气候变化。该基金会是一种新型的公私合作伙伴关系，主要为各级地方政府（以及代表它们行使职权的公共和私人机构）的节能项目、小规模可再生能源项目和清洁交通项目提供金融支持。

欧洲公共行政研究所：欧洲的学术交流中心，课程来自荷兰马斯特里赫特、卢森堡和西班牙巴塞罗那等地，关注重点是欧盟范围内的政府治理、政策和公共管理问题。培训的主要形式包括课程讲授、案例研究、咨询服务和专题演示。

欧洲专利局：总部设在德国慕尼黑的政府间组织。在遵守《欧洲专利公约》（*European Patent Convention*）的基础上，以高质量、高效率的服务在整个欧洲范围内鼓励创新，提高竞争力，促进经济增长。

欧洲电信标准化协会（ETSI）：一家独立的电信行业标准化非营利组织，位于法国索菲亚－安提波利斯。该组织成立于 1988 年，目前已制定了 30000 多项标准，为其（800 多名）成员制定和检验“横跨所有行业的全球适用标准”创造了一个开放、包容的环境。

欧盟网络与信息安全局（ENISA）：欧盟内设机构，也是网络空间安全、网络信息安全、数据保护、隐私和新兴技术等问题的交流中心，总部设在希腊。

巴塞罗那微观装配实验室（Fab Lab Barcelona）：加泰罗尼亚高级建筑研究所下属机构，该实验室在人类自然环境不同尺度的问题上开展不同类型的教育和研究课题。同时也是与微观装配基金会（Fab Foundation）和麻省理工学院比特与原子研究中心合作发起的微观装配学会（Fab Academy）项目的全球协调中心。根据官网上的介绍，微观装配学会相当于一座教育和科研领域的分布式平台，每个微观装配实验室都是一间教室，整个地球就是校园，它们构成了世界上建筑面积最大的大学。学生们在里面学习数字制造技术的理论知识、实践操作和重要意义。

未来城市弹射器工程：英国伦敦的一家专门研究城市发展战略、互联城市和城市数据科学的智库，擅长城市基础设施、医疗卫生和城市出行等创新型问题的数据分析、建模和可视化。

加泰罗尼亚高级建筑研究所（IAAC）：是一家位于西班牙巴塞罗那的教育研究中心，致力于设计和建造新型建筑以应对 21 世纪全球在宜居性和建筑技术问题上面临的挑战。研究所名气很大，与多个领域都有互动，经常举办全球大赛，还构想了新的城市样式。它的使命包括“展望人类社会的未来栖息地”，按照数字革命在各个层面的要求，扩展建筑和设计的边界去创造一种全新的城市样式。

国际公共交通协会（UITP）：一个非营利性的倡导组织，使命是在全球范围内促进城市地区公共交通和出行领域的可持续发展。协会总部位于布鲁塞尔，拥有 1500 家成员企业，在来自 96 个国家的 18000 多名联络人之间建立了牢固的联系。他们都是来自各国公共交通管理部门、政策制定部门、科研机构以及公共交通、服务和供应领域的企业。

国际电工委员会（IEC）：一个在电气、电磁及相关技术领域负责制定和维护相应标准的国际标准组织。该委员会有一个技术部门，专门为智慧城市、智能电网和能源等领域服务。

国际标准化组织（ISO）：独立的非政府国际组织，已有 160 多个国家和地区的标准化工作管理机构加入。根据官网上的介绍，ISO 汇聚专家、分享知识，在自愿采纳、基于共识和市场相关的基础上制定国际标准，以鼓励创新并采取具体行动应对全球面临的挑战。该组织制定的标准是产品、服务和系统领域的世界级规范，在保证质量、安全和效率的同时，还有助于促进国际间的贸易。

互联网工程任务组（IETF）：专门为全世界的网络规划设计人员、运营商和科研人员举办涉及互联网演变及其架构监管问题的活动和会议。IETF 制定并发布了新的互联网标准和 IPv6 的规范集合，将可用 IP 地址从 IPv4 的 32 位扩展到 IPv6 的 128 位。这次升级不仅保证了互联网的持续增长，也保证了不断增加的计算设备有足够的 IP 地址可用。

以色列智慧城市研究所（ISCI）：负责为智慧城市提供咨询和管理服务。通过来自学术、技术、工业、商业、法律和市政等领域的专家团队，为智慧城市的各项服务提供了广泛的专业知识，包括能源、运输、环境保护、水与

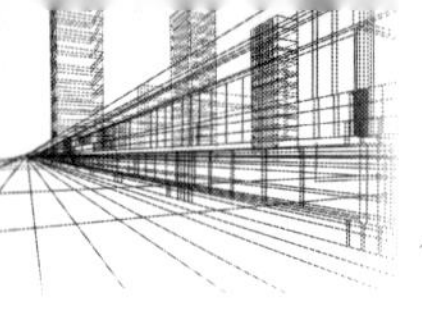
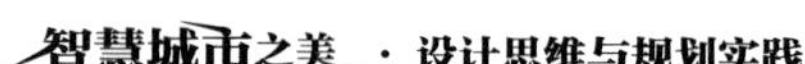

农业、可持续成果规划、政策、电子政务实施、智慧教育、技术、电信基础设施、出行等。

Leading Cities：智慧城市解决方案、城市外交和协作的全球领导者，推动了可持续和灵活的城市战略和技术。Leading Cities 为城市领导人之间交流经验教训和分享对策举措架设了桥梁，同时通过鼓励五大部门（包括公共机构、私人机构、非营利机构、学术界和公民）的广泛参与来消除城市内的障碍。

倡导地方政府可持续发展国际理事会（ICLEI）：由 1500 多个城市、城镇和地区组成的全球性网络，致力于建设可持续发展的未来。

群英会（Meeting of the Minds）：全球化的领导力网络和知识共享平台，专注于城市可持续发展、互联技术以及（特别是）面向智慧城市的创新。总部设在旧金山，该平台向全球展示各种理念和实用的解决方案，可以直接复制或是根据自身情况调整后施行。

莫斯科创新局：由莫斯科科学、产业政策及创业局成立，为参与莫斯科创新生态系统提供了一站式办法。这个机构充分展现了公私合作的要义，目的是为创新型公司、公共组织以及为科学、创新和先进技术感兴趣的年轻人提供服务。

美国国家标准与技术研究所（NIST）：美国商务部下设机构。根据网站介绍，NIST 的使命是用计量领域的科学、标准和技术来提高经济安全性和改善生活品质，从而增强美国的创新能力和产业竞争力。NIST 的任务还包括采取措施鼓励创新、增强产业竞争力和提高生活品质。计量科学、严格的可追溯性以及标准的制定和运用是其核心竞争力。

全国城市联盟（NLC）：由美国多地的地方政府成立的倡导性组织。根据其网站介绍，NLC 致力于帮助城市的领导者建设更美好的社区。该组织为其代表的 19000 多个城市、城镇和村庄提供帮助和支持。

英国国家科技艺术基金会（NESTA）：一家位于英国的全球性非营利创新基金会。该组织遵循“面向未来的战略”：探索新兴技术，实现创意突破，应对未来挑战。NESTA 在全球范围内支持的多个行业包括医疗卫生、教育、政府、总体经济、文化和创新政策。

对象管理组织（OMG）：一个国际性的开放会员制非营利标准组织，成员来自政府、企业界和学术界。OMG 下设的特别工作组在多个技术和行业领域制定企业执行标准，如医疗卫生、太空、军事、金融、政府、零售和职场福利等。标准包括（不全面）OMG 统一建模语言（UML）、OMG 系统建模语言（SysML）、OMG 数据分发服务（DDS）、OMG 公共对象请求代理体系结构（CORBA）和 OMG 业务流程建模符号（BPMN）。

开放及敏捷智慧城市（OASC）：由来自欧洲、拉美和亚太 24 个国家和地区的 117 个城市组成。特点是有很多与物联网和智慧城市建设有关的信息、新闻、活动、博客和文章。总部设在布鲁塞尔，在各城市的努力下，目标是在最小互操作机制上建成一个全球性的智慧城市市场。

开放地理空间信息联盟（OGC）：由 520 多个公司、政府机构和大学组成的国际性非营利组织，致力于在全球地理空间领域制定并维护高质量的开放标准，且与供应商保持中立立场。OGC 标准可以在数据显示和映射方面作为可互操作解决方案使用，是人们为了给网页、手机及其他基于位置的服务增加地理信息不断努力的结果。

斯科尔科沃基金会：斯科尔科沃创新中心的上级管理机构，负责用各种方法帮助实现俄罗斯的经济多样化，其总体目标是通过建立可持续的创业和创新生态系统，为风投资本打造创业文化，促进突破性项目和技术的发展。

智能非洲联盟：总部设在卢旺达，目标是利用信息与电信技术促进非洲的发展。主要任务是贯彻《非洲宣言》（*African Manifesto*）（部分非洲国家、世界银行、非洲发展银行及其他机构于 2014 年达成的协议）提出的目标，将信息通信技术置于非洲社会经济议程的中心，深化信息通信技术特别是宽带技术的运用，为可持续发展事业理清责任，提高效率和扩大开放。

智慧城市委员会：由众多前沿公司构成的合作组织，并由顶级大学、实验室和标准机构提供顾问服务。任务是利用筹备指南、融资模板、政策框架、案例研究、公开活动和区域交流，帮助城市充分利用智能技术的变革性力量。

纽约之声（SONYC）：纽约大学城市科学与进步中心（NYU CUSP）发起的城市信息应用项目，目标是监测纽约市的噪声污染。该项目由纽约大学的科学家团队主导，俄亥俄州立大学协助推动，为掌握和解决纽约及周边地区的噪声污染问题，他们共同开展了一项前所未有的综合性研究计划。

可持续城市计划：于 2016 年启动并得到了丹麦奥尔堡市、西班牙巴斯克地区和 ICLEI 欧洲分部的支持。该组织总部位于德国弗赖堡，成员包括 488 个城市（地区）和 127 个组织，是围绕《巴斯克宣言》（*Basque Declaration*）、《变革行动数据库》（*Transformative Actions Database*）以及可持续性发展理念，为地方政府打造的信息交流中心。

美国市长会议（USCM）：总部位于华盛顿特区，加入的城市人口至少在 30000 人以上。会议涵盖的主题非常广泛，包括移民、犯罪、医疗、环境、城市劳动力、垃圾处理、水、交通、通信、城市规划和可持续发展。该组织定期举办活动和组织工作组，在成员城市之间共享信息资源。

世界智慧城市：是 IEC（国际电工委员会）、ISO（国际标准化组织）和 ITU（国际电信联盟）建立的合作机构。该组织的目标是通过建立在标准基础上的通用方法使智慧城市成为现实。具体目标包括掌握并满足利益相关者的需求、制定基于共识的良好实践标准、消除城市病并建立共同市场。该组织为智慧城市社区的成员和客户准备了易懂易用的现实答案。

附录 B
会议与活动

本附录是从智慧城市及都市发展领域精挑细选出来的会议与活动列表。

芝加哥全球城市论坛：由芝加哥全球事务委员会和《金融时报》（*Financial Times*）共同主办的国际会议。论坛不仅就全球各城市影响力及如何解决迫在眉睫的全球问题等内容提出了一些热议的问题，安排《金融时报》记者主持深入讨论，还为与会的意见领袖和决策层举办“快速会谈”（Flash Talk）、学术研讨会和非正式交流。

世界物联网解决方案大会（IoTSWC）：每年在西班牙巴塞罗那与工业互联网联盟（IIC）及巴塞罗那会展中心联合举办，是一个包括演示、主题演讲、会议、展览、试验平台和创新颁奖典礼等形式的综合性活动。

北欧智慧城市大会暨博览会：在瑞典马尔默举办，来自市政、学术和企业界的 100 多位演讲者参与，主要是针对智慧城市的未来发展开展案例研究和预测。

智慧城市沟通大会暨博览会：美国举办的系列会议，企业可以在会上展示创新产品，而市政领导可以分享有关智慧城市的想法、最佳范例、政策和技术。

全球智慧城市大会：在西班牙巴塞罗那举办的年度会议，会场设在巴塞罗那会展中心。自2011年举办第一届大会以来，这项活动吸引了很多城市规划人员、建筑师、政府领导、技术创新人士以及大大小小的公司参加，他们虽然来自全球的不同城市，但都在努力帮助居民提高对智慧城市的认识和理解，鼓励他们提出批评意见。这项活动为全球城市及其公民创造更美好未来打造了一个绝佳的平台。

全球智慧城市论坛：在澳大利亚墨尔本举办，在召开会议的同时举办最前沿的博览会，帮助人们提高对智慧城市和城市规划技术的认识，勇于创新，促进发展，将来自世界各地的几千名与会者联系在一起。论坛主题涵盖了智能网格、智能交通、智能健康、工业4.0、人工智能、虚拟现实、云计算、智能建筑管理系统、企业物联网、雾计算、大数据分析和智慧治理等领域的垂直应用。

亚洲智慧城市创新峰会：在韩国高阳举办，与会人员主要包括市长、市议员、负责可持续发展的官员、水和能源行业的经理、城市规划设计人员、公用事业经理和IT架构师。会上展示的是可用于构建智慧基础设施、智慧出行、智慧建筑和智慧能源系统的产品和服务。

纽约智慧城市会议：在纽约举办的年度会议，以研讨、会议、小组讨论等形式，就智慧城市的公私合作关系、有利于社会进步的技术、可持续发展、适应性和包容性等问题，将行业领导、技术先驱、城市政府官员和意见领袖聚集在一起分享见解和最佳范例。

智慧城市峰会：在美国亚特兰大与工业物联网世界和物联网区块链峰会（Industrial IoT World and IoT Blockchain Summit）联办，峰会侧重弹性和反应能力，面向城市管理、互联互通、数字化转型和城市市民等，具体话题包括公私合作关系、融资、监管和标准化、大数据的利用、互联互通且可持续的基础设施、网络安全、虚拟现实/增强现实和区块链、人工智能、应用系统和自动化、无人机和未来、改善城市环境、无缝交通以及公共安全。

智慧国家年会：在德国柏林举办，重点关注城市、地区和国家三级政府在行政和公共服务等领域的数字解决方案。年会以交流和培训为主要形式，也包括讲座和专家大会。根据官网介绍，来自行政部门、政府机构、数字经济、行业协会和科学界的核心人物会为了同一目标相聚三天，即整个公共部门的数字化。

世界城市峰会：在新加坡举办，通过更科学的治理和规划，更先进的技术和更有益的社会创新活动，加强与其他城市的各种利益相关者的合作，探索如何将城市变得更宜居，更有适应能力。说出想法，积极参与，公共部门、私营部门和全体人民可以共同创造创新，提出全面的城市解决方案，促进未来的可持续发展。

术语汇编

下面是有关智慧城市的文章和对话中常常用到的术语列表。列表既不全面，又不详尽，所以适合刚刚开始研究和学习智慧城市问题的入门级读者。

5G：5G 无线宽带的数据传输速度比 4G 和 3G 都要快得多，数据收发延迟更短，更容易实现设备、基础设施和人之间的连接。5G 被很多人视为推动智慧城市发展的基础性技术，预计会在未来五年内普及。

制动器：也叫“激励器”，指能够移动或控制机械的装置，例如电动机。越来越多的制动器采用了软件控制，广泛应用于液压、气动、电动、热力或机械等场景。

自适应信号控制：综合利用人工智能技术、探头和交通信号灯对交通流量实施管控，实时减少拥堵现象。Surtrac（可扩展城市交通控制）和 SCOOT（绿信比、周期和相位差优化技术）都是利用自适应信号控制技术改善交通管理的例子。

农业建筑：由农业（Agriculture）和建筑（Architecture）两个词构成的合成词，是在既有建筑中融入农业元素的一种艺术、科学和实践方法。根据“垂直种植学院”的说法，融入可以在建筑物的内部（室内垂直种植），以最大程度保证生长密度，也可以在外部（生活墙和屋顶农场），以对城市建筑设计风格形成的微气候进行充分利用。

算法：用于解决问题的指令集。算法必将成为智慧城市不可或缺的一部分，能在广泛的应用条件下实现作业的自动化和优化，例如垃圾收集、道路维护、路线规划和交通信号。

Bicing：西班牙巴塞罗那一个很受欢迎的自行车共享项目，而且巴黎和斯德哥尔摩也有实施类似的项目。Bicing 以及其他形式的自行车共享系统，都有助于减少交通拥堵、改善空气质量、增加锻炼的机会，成为机动车运输系统可行的替代方案。

区块链：各种数字货币的基础技术。区块链的作用不止如此，它的分布式账本原理有潜力塑造智慧城市的未来。利用区块链技术创建的数据记录是永久保存的，而且基本上无法篡改，这意味着可以在多个重要领域用于重要记录的保存，如税收、土地管理、法院判决和投票登记。

英国建筑研究院环境评估方法（BREEAM）：一种对建筑物的可持续性开展评估和认证的方法，也是世界上用得最久的方法。BREEAM 为评估建筑物及建筑结构的可持续发展水平和程度制定了科学的标准，成为智慧城市建设的重要组成部分，BREEAM 在多个国家得到了应用，包括英国、美国、荷兰、西班牙、挪威、瑞典、瑞士和奥地利。

循环经济：一种越来越流行的概念，指用以恢复和再生为特征的新型经济运行模式取代传统的“获取—制造—丢弃”模式。循环经济不是从摇篮到坟墓的线性模式，而是从摇篮到摇篮的循环模式，注重资源的“循环”利用并“积极修复经济与生态之间的关系。”

清洁能源：包括风能、太阳能、生物质能、海洋能、地热能和势能。有些专家认为核能是清洁的，但核能会产生放射性废物，算不上真正的清洁能源。

完整街道：这种街道经过了专门的设计，保证所有人都能够安全地使用街道资源，包括行人、非机动车、机动车和公共交通的乘客，无关年龄和能力。

人们认为这种街道对减少交通事故数量和降低伤害严重程度至关重要。

拥堵定价：一种主要以减少市中心和商业区机动车流量为目的的策略，通常做法是在工作日特定时间内向行驶于特定区域的机动车辆收取额外费用。

开发运营（DevOps）：由开发（Development）和运营（Operations）两个词构成的合成词，目的是在软件的构建和实施阶段之间减少障碍，理想情况下，可以使代码的移植、测试和部署更容易、更有效。

地理信息系统（GIS）：通过收集、存储、操作、分析、管理和显示多种类型的地理数据和信息，降低计划制订、基础设施维护和应急行动协调等工作的难度。在智慧城市的规划、发展和管理领域，GIS 迅速成为一项关键技术。

设计以人为本：这种设计思路颠覆了传统的设计原则，产品或服务的设计从用户体验出发，并以满足用户的需求和期望为目的，是智慧城市从居民和游客的角度研发和使用新技术的绝对必要条件。

互操作性：指不同零部件、不同计算机和不同系统之间共享资源、交换信息的能力，从而在各种各样的网络中有效协同工作并将限制条件降到最少。互操作性的概念对于智慧城市非常重要，因为智慧城市部署的系统和解决方案往往来自不同的供应商，当然需要实现无障碍交互和互操作性。

简・雅各布斯（Jane Jacobs）：记者兼城市活动家，倡导城市的规划和发展要重视基层社区的意见，反对规模宏大、自上而下式的官僚主义解决方案（常常无视城市里小型社区的价值与活动）并四处发声。她的传奇战斗经历让新一代的智慧城市规划者深受启发。她在 1961 年出版的《美国大城市的生与死》（*The Death and Life of Great American Cities*）一书是智慧城市爱好者的必读内容。

“最后一英里”：传统上指电信服务提供商与客户之间的最后一段连接，

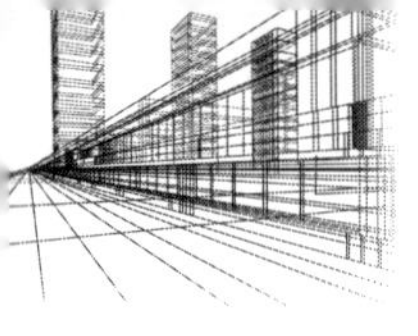

现在越来越多地在城市交通场景中用来描述运输工具的终点与乘客目的地之间的任意距离。换句话说，如果自驾车上班，“最后一英里”就是指停车场和办公楼之间的距离。该术语通常与“第一英里”结合使用，“第一英里”通常指乘客的家（或起点）与首选公共交通站点（公交、火车、地铁等）之间的距离。

能源与环境设计先导（LEED）：世界上使用最广泛的绿色建筑评级体系。根据官方网站描述，LEED 在超过 165 个国家和地区得到推行，为建设“健康、高效、节省成本的绿色建筑”制定了实用的框架，同时是“全球公认的可持续发展成就的象征”。

激光雷达：一种利用光来测量距离的技术，是自动驾驶汽车和其他自动交通工具的关键技术。激光雷达可以用于检测机动车、非机动车和行人，一旦有情况，会立即向驾驶员发出警报或是实施机动动作，避免发生碰撞。

开源：主要指允许公开访问和自由分享的计算机代码，与私人主体拥有并实施严格控制的专有软件概念相对应。开源软件可以根据不同用途随意修改和调整，所以在技术创新和完善的过程中发挥着重要作用。Linux 就是一个得到广泛应用的开源操作系统。

公私合作关系：缩写为 PPP 或 P3，在某些情况下也可译作“政商合作关系”，意思是整合公共部门和私营部门的资源。P3 合作模式可以用于公用项目的融资、建设和运营，如公园、游乐场、步行商场、自行车道、停车场和微型运输工具，是公用事业领域传统融资和运营方式的一种具有吸引力的替代方案。

传感器：用于检测和量化真实世界中的一些状态变化，例如，运动、热量、湿度、光和加速度，并将采集的数据转换为可发往处理器或数据库的电子信号。

共享经济：用来描述一种常见的新型商业模式的术语，通过共享未充分利用的资产来创造价值，包括汽车、自行车、住宅、办公空间甚至服装。人们熟知的例子有优步、来福车、爱彼迎和 WeWork。投身共享经济的企业所倡导的一些概念和模型也常常被所谓的“零工经济”（Gig Economy）使用，后者实际上是一种匹配自由职业者（供方）和偶尔需要服务的人（需方）的机制。

智能建筑：指利用各种技术和数据分析工具对通风、供暖、空调、照明、安全和能耗等系统实施自动控制的建筑物。除数字技术外，智能建筑多采用被动式策略来调节温度和节约能源，例如，房间位置、屋顶挑檐、热对流、特制窗户以及材料选择。这方面比较显著的例子包括阿姆斯特丹的边缘大厦（The Edge）、西雅图的布里特中心（Bullitt Center）、维也纳的西门子城（Siemens City）和新加坡的资本大厦（Capital Tower）。

可持续发展目标：联合国《2030 年可持续发展议程》（*United Nation's 2030 Agenda for Sustainable Development*）的一部分，该议程在“确保没有一个人掉队”原则的基础上，侧重于能帮助所有人实现可持续发展的总体方法。这 17 项目标是：

1. 无贫穷；
2. 零饥饿；
3. 良好健康与福祉；
4. 优质的教育；
5. 性别平等；
6. 清洁饮水和卫生设施；
7. 经济适用的清洁能源；
8. 体面的工作和经济增长；
9. 产业、创新和基础设施；
10. 减少不平等；

11. 可持续城市和社区；
12. 负责任的消费和生产；
13. 气候行动；
14. 水下生物；
15. 陆地生物；
16. 和平、正义与强大的机构；
17. 促进目标实现的伙伴关系。

创意城市：城市规划学教授伊丽莎白·科瑞德（Elizabeth Currid）在2007年出版的《创意城市：百年纽约的时尚、艺术与音乐》（*The Warhol Economy: How Fashion, Art and Music Drive New York City*）一书中提出的一个术语，描述了不同的创意文化结合起来后如何促进曼哈顿的经济发展。

专家团队

- **Hannes Astok**

Hannes Astok 是爱沙尼亚电子政务学院战略与发展系副主任，也是一名资深专家，负责为中亚、高加索、东南欧、中东、非洲和其他转型地区的政府提供培训和咨询服务，最近一直在与乌克兰、纳米比亚、摩尔多瓦、巴勒斯坦、格鲁吉亚和毛里求斯等国政府开展密切合作。

Astok 非常热衷于在“信息社会”问题上发声，尤其喜欢敦促地方政府发挥作用和讨论“移动政务”与新技术给政府带来的挑战。

他在 1997—2011 年担任爱沙尼亚国会议员，在 1997—2005 年担任爱沙尼亚第二大城市塔尔图的副市长。担任国会议员时，他主要负责应对信息社会发展、知识产权监管和电子通信问题。

Astok 在 2012—2013 年担任爱沙尼亚总统顾问，主要负责国家层面的信息社会发展问题。

Astok 从塔尔图开始了自己的政治生涯，曾担任塔尔图市副市长达十年之久。如今塔尔图已是世界最先进的电子政务城市之一，为公民和企业提供各种基于互联网和手机的政务服务。

Astok 拥有塔尔图大学新闻和公共关系学位。他通晓爱沙尼亚语、英语、

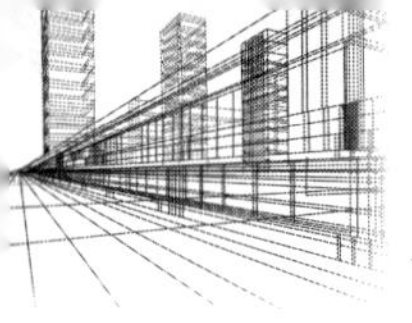

俄语和芬兰语。

- **Xabier E. Barandiaran**

Xabier E. Barandiaran 思想深邃，是生物学、认知学和社会科学方面的哲学家，尤其侧重理论构建领域的复杂系统分析和概念模拟建模。他在苏塞克斯大学（英国布莱顿）以优异的成绩获得了演化及适应系统学硕士学位，在西班牙巴斯克大学（UPV/EHU）也以优异的成绩获得了科学和认知系统学博士学位，2008 年还获得了优秀博士论文奖（Premio Extraordinario）。

Barandiaran 曾经是奥地利康拉德 • 诺伦兹学院和马德里理工大学自治系统实验室的访问学者，也获得过西班牙科技部的博士后研究员资格，还在英国苏塞克斯大学计算神经科学与机器人研究中心和巴黎综合理工学院认识论研究中心从事过研究工作。后来回到巴斯克大学以博士后研究员身份负责 FP7 研究项目——如何将感觉动作期的偶发事件延伸为认知。

根据谷歌学术搜索（Google Scholar）的数据，Barandiaran 在同行评审的期刊、书籍和会议论文集中有超过 45 篇索引刊文，共引用 989 次，H 指数为 17（根据 ResearcherID/ISI Web of Knowledge 的数据则为 46 篇索引刊文、22 篇带引用数据、310 次引用，H 指数为 9，每篇文章平均引用次数为 14.09）。其中 17 篇刊文属于哲学、心理学、社会科学、认知和神经科学领域的 Q1 期刊。

此外，Barandiaran 还直接获得过 7 项不同的资助，并积极参与了 14 个不同的研究课题。

他还多次组织过国家级研讨会、暑期学校和会议，包括 2 次暑期学校、4 次国际级研讨会和一次国际会议。

- **Jeffrey Blatt**

Jeffrey Blatt 是加利福尼亚州一位精通技术领域的律师，也是一位董事，在美国和亚洲与科技、媒体和电信行业有着 35 年以上的合作经验。他是硅谷的先驱之一，曾与几家科技巨头的创始人有过直接合作，包括苹果、太阳计算机、英特尔和博通。

除了法律和工程方面的背景，他还担任加利福尼亚州的兼职执法人员，接受过网络调查领域的深入培训，获得了该州的电子拦截专业资格证。他的国际业务在很大程度上涉及了网络安全、数据隐私、政府对数据的合法访问和风险缓解策略等问题。

他经常在国际会议上就数据隐私和政府监视问题发表演讲，还撰写过与该主题相关的多篇文章，包括《政府监视、安全和隐私：安全总会赢吗？》（*Government Surveillance, Security, and Privacy: Does Security Always Win?*）［《亚洲数据隐私》（*Data Privacy Asia*），2017 年 6 月 17 日］、《我们信赖技术：在全球监视国家确保数字隐私》（*In Tech We Trust: Securing Digital Privacy in a Global Surveillance State*）（RSA 亚太日本版，2017）和《1984 的回归：中国的社会信用体系预示了未来》（*1984 Redux: China's Social Credit System a Harbinger of the Future*）（RSA 亚太日本版，2018）。

Blatt 以优异的成绩毕业于刘易斯和克拉克法学院（在俄勒冈州波特兰市）并获得了法学博士学位，他也拥有加州大学（在洛杉矶）的工程学士学位，还以最佳成绩获得了俄亥俄州蒂芬大学刑事司法及安全研究领域的硕士学位。

他是加利福尼亚州律师协会会员，持有美国专利律师牌照。笔者撰写本书时，他正担任泰国曼谷 Tilleke & Gibbins 律所的顾问律师。他曾在亚洲几家大型电信和广播企业担任过高管和董事职位，也曾当过国内知名的洛杉矶 Irell & Manella 律师事务所的合伙人。

- **Francesca Bria**

Francesca Bria 是信息和技术政策领域的资深研究人员和顾问，拥有伦敦帝国理工学院的创新经济学博士学位和伦敦大学伯贝克分校的数字经济硕士

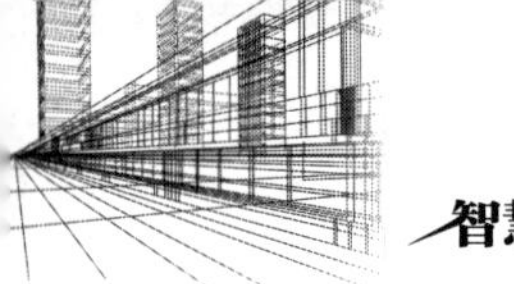

学位。

作为英国国家科技艺术基金会的高级项目主管，她带头负责了欧盟 D-CENT 项目的建设。在此之前，她还负责过欧洲的 DSI（数字社会创新）项目，在数字社会创新政策领域为欧盟提出建议。她目前在英国和意大利的几所大学任教，并就技术、信息产业政策及其对社会经济的影响等问题为政府、公共组织、私人机构和各种运动提供咨询服务。

Bria 是欧洲未来互联网和创新政策委员会（European Commission on Future Internet and Innovation Policy）的顾问。目前，她在西班牙巴塞罗那市担任首席技术和数字信息官。

- **Boyd Cohen**

Boyd Cohen 博士是一位研究城市问题的战略家，侧重城市创新、创业、智慧城市和出行互联网等领域的研究。他出版了 3 本书：《气候资本主义》（*Climate Capitalism*）（2011 年）、《城市企业家的兴起》（*The Emergence of the Urban Entrepreneur*）（2016 年）和《后资本主义时代的企业家精神》（*Post-capitalist Entrepreneurship*）（2017 年）。

Cohen 既是巴塞罗那商学院研究所所长，又在维多利亚大学（UVic）任有职务。

2017 年，他与一些人联合创办了一家叫作 IoMob.net 的区块链创业公司，目标是为出行互联网（IoM）设计一份开放协议，实现出行行业的去中心化。

- **Di-Ann Eisnor**

Di-Ann Eisnor 目前正在谷歌公司的内部孵化器 Area 120 专心研究新的城市应用系统。Eisnor 于 2009 年创办了 Waze 美国办公室并担任业务总监，负责众包导航和实时交通应用，包括平台运营、业务开发和推广营销。Waze 于 2013 年被谷歌收购。

在 Waze，Eisnor 创立了“Waze 公民互联计划”（Waze Connected Citizens Program），该计划与 650 个城市或交通管理部门合作，利用数据来减少拥堵现象和缩短应急响应时间。

在加入 Waze 之前，Eisnor 是“Platial 网站——人民的地图”的联合创始人兼首席执行官，该网站推崇“众人拾柴火焰高”的思路，让用户能够自行添加数据，把他们自认为重要的事物在地图上标注出来。她还是 Saia 公司（纳斯达克股票代码：SAIA）、“灰色地带艺术基金会”和 MeetUp 公司的董事会成员，也是一位积极的天使投资人，发表过大量关于出行、城市和众包等问题的演讲。

她和 Lupe Fiasco 联合创办的“邻里创业基金会”（Neighborhood Start Fund）是一家为欠发展城市街区提供资金的微型基金会。Eisnor 拥有纽约大学室内艺术与工商管理学士学位，是 2014 年阿斯彭研究所的亨利 • 克朗研究员（Henry Crown Fellow），以及阿斯彭全球领导力网络的成员。

- **Andrew Guthrie Ferguson**

Andrew Guthrie Ferguson 是哥伦比亚特区大学（UDC）戴维 • 克拉克法学院的法学教授，也是《大数据警务的兴起：监视、种族与执法的未来》（*The Rise of Big Data Policing: Surveillance, Race, and the Future of Law Enforcement*）（纽约大学出版社，2017 年）一书的作者。

Ferguson 教授的教学和写作主要集中于刑法、刑事诉讼和证据领域。他也是陪审团、预测警务和第四修正案等问题的国家级专家。

《宾夕法尼亚大学法律评论》（*University of Pennsylvania Law Review*）、《加州法律评论》（*California Law Review*）、《康奈尔法律评论》（*Cornell Law Review*）、《明尼苏达法律评论》（*Minnesota Law Review*）、《西北法律评论》（*Northwestern Law Review*）、《范德比尔特法律评论》（*Vanderbilt Law Review*）、《南加州大学法律评论》（*University of Southern California Law*

Review）、《巴黎圣母院法律评论》（*Notre Dame Law Review*）以及《艾莫雷法学杂志》（*Emory Law Journal*）等，都刊载过他的文章。

Ferguson 教授的新作《大数据警务的兴起：监视、种族与执法的未来》（*The Rise of Big Data Policing: Surveillance, Race, and the Future of Law Enforcement*）对监视技术和预测分析将如何塑造现代警务进行了研究。他的第一本著作《陪审团为何责任重大：公民的宪法行动指南》（*Why Jury Duty Matters: A Citizen's Guide to Constitutional Action*）（纽约大学出版社）是第一本关于陪审员如何履行责任的书。他是哥伦比亚特区高等法院“欢迎观看陪审团履职系列视频节目”的明星，该节目每年有 30000 多位公民收看。

他的法律评论曾出现在多家媒体上，包括美国有线电视新闻网（CNN）、美国国家公共广播电台（NPR）、《纽约时报》（*New York Times*）、《经济学人》（*The Economist*）、《华盛顿邮报》（*Washington Post*）、《时代杂志》（*TIME*）、《今日美国》（*USA Today*）、《美国律师协会杂志》（*ABA Journal*）、《大西洋月刊》（*The Atlantic*）（数字版）、《赫芬顿邮报》（*Huffington Post*）等全国和国际性报纸、杂志及媒体网站。

Ferguson 教授是哈佛大学法学院刑事司法政策课题的资深访问研究员，也是纽约大学法学院警务课题聘请的警务数据研究员。这两个课题都侧重对新型监视技术在公民权、隐私和公共安全方面的影响进行研究。

Ferguson 教授多次被学生评选为“年度教授”，2016 年曾因优异的教学和服务获得了大学的嘉奖证书。

在加入法学院之前，Ferguson 教授曾在哥伦比亚特区公设辩护律师部门担任法律监察员。在担任公设辩护律师的 7 年里，他曾在很多刑事案件（有轻度伤害罪，也有蓄意杀人罪）中担任成人和青少年的代理律师。除了在众多陪审团审判案件和法官审判案件中担任首席律师，他还在哥伦比亚特区上诉法院多次提起上诉。

在加入公设辩护律师部门之前，Ferguson 教授还在乔治敦大学法学院刑事司法实习中心获得了 E. Barrett Prettyman 导师资格。他在这个导师岗位上做了两年，负责教授和管理参与刑事司法实习的三年级学生。Ferguson 教授刚刚从法学院毕业的时候，曾为美国第五巡回上诉法院的首席法官 Carolyn Dineen King 担任过书记员。

Ferguson 教授参与了华盛顿特区开展的宪法教育活动的规划工作。他是《美国青少年司法》（*Youth Justice in America*）（国会季刊出版社，2005，2014）一书的合著者，这是一本针对高中生编写的教科书，主要内容是高中生按照美国宪法第四、第五、第六和第八修正案所享有的权利。他还是非营利组织“自由心灵读书社暨写作沙龙”的理事会成员，专门教哥伦比亚特区受到成年人罪名指控的未成年被告进行创意写作，甚至是写诗。

Ferguson 教授拥有乔治敦大学法学院法学硕士学位，宾夕法尼亚大学法学院法学博士学位（优等生）和威廉姆斯学院学士学位（优等生）。

- **Christina Franken**

Christina Franken 是“城市地图盒子计划”（Mapbox Cities）的项目负责人。Franken 精通建筑，擅长研究，是数据分析、城市科技和用户心理三大领域的跨界人才。她在工作中常常会问这样的问题：技术如何影响城市空间？开放系统和封闭系统在未来的智慧城市中又分别扮演什么样的角色？她也会调查城市中的人如何为自身的城市环境奉献一己之力，从而为今后的环境变化带来积极影响。

作为“城市地图盒子计划”的项目负责人，她与全球各地的伙伴城市共同制定以数据为驱动的开源解决方案，应对当地和全球面临的各种挑战，包括交通安全、行为变化、物联网系统、灾难响应等。

在加入“城市地图盒子计划”之前，她曾在 Human.co（一个运动激励网站）负责合作事务，研究如何利用数据改善城市环境，让更多人选择“纯

绿色出行”（Active Mode of Transport），激励世界各地用户更多地动起来。在此期间，她的团队对全球900个城市的人类活动数据开展了分析和可视化工作。

对于Franken来说，人的需求应该是任何智慧城市项目的核心。她认为，只有透明的城市技术解决方案和干预措施才能保证城市变得“更智慧”。默认开放式系统，以及城市利益相关者相互之间公开坦诚的对话是其中的关键，尤其在数据采集和公私合作关系等问题上。

Franken毕业于德国卡尔斯鲁厄理工学院建筑学专业，拥有中央圣马丁学院（在英国伦敦）的硕士学位，目前居住在阿姆斯特丹。

- **Alexander Gelsin**

Alexander Gelsin博士是“蜂联智慧城市”的创始人和管理合伙人，也是项目和产品管理、战略产品开发、数据分析和建模等领域的专家。在合作创建“蜂联智慧城市”之前，曾在金融服务、金融科技和保险行业的几家顶尖级公司从事产品开发和智能数据分析工作。

Alexander Gelsin是智慧城市的热衷者，相信新技术、数据以及相应的以“需求为本、目标导向”为特征的应用有助于城市和社区变得更具可持续性和弹性，而且随着应用产出的结果越来越有利于大多数人，最终使所有利益相关方受益。他会用自己在技术和数据分析方面的专业知识来评估智慧城市，并提出具备实际操作意义的建议，帮助促进智慧城市的发展，这也是“蜂联智慧城市”整体方法的一部分。

他拥有海德堡大学的物理学博士学位，他曾在该校研究过星系团探测问题。

他精通德语、英语和俄语。

- **Bart Gorynski**

Bart Gorynski是2017年联合创立“蜂联智慧城市”的创始人和管理合伙人。作为一名对智慧城市有着远见卓识的人，他认为智慧城市就是城市中各种智慧解决方案构成的总的生态系统，他也在努力让这一切的实现变得更简单。就城市和社区的数字化转型来说，他是先驱；就给子孙后代留下美好明天而言，他是战士。他目前在德国波鸿 EBZ 商学院和德国雷根斯堡大学国际房地产商学院担任访问学者，研究的正是智慧城市问题。

Gorynski 在房地产行业、开放协作创新战略以及企业战略和咨询等领域拥有 10 年以上的工作经验，曾在哈佛大学（美国）、雷根斯堡大学国际房地产商学院（德国）、波鸿 EBZ 商学院（德国）、俄罗斯国立人文大学（俄罗斯）和雷丁大学（英国）做过访问。在联合创立“蜂联智慧城市”之前，Gorynski 曾担任欧洲最大的房地产公司 Vonovia 的高级经理。

他是一名注册房地产投资分析师，也是一名注册房地产风险经理，拥有雷根斯堡大学国际房地产商学院的 MBA 学位。

他精通德语、英语和波兰语。

- **Pete Herzog**

有一大帮黑客以“竭尽全力拯救世界”为己任，Pete Herzog 正是这帮黑客里最杰出的榜样。他打算把自己的一生都投身于安全世界的拆解，并弄清楚它的运作原理——然而到现在他都没办法将其“组装”回去。

他热衷于撰写网络安全话题的文章且成果颇丰，也经常为安全与开放方法学研究所（Institute for Security and Open Methodologies）执笔，这个研究所是他于 2001 年与其他人共同创办的非营利研究机构。《开源安全测试方法手册》（*Open Source Security Testing Methodology Manual*）、《黑客高校》（*Hacker Highschool*）和《开源网络安全手册》（*Open Source Cybersecurity Playbook*）都是他在这个研究所的工作成果，此外还有不少与信任指标、身份验证、社交工程、漏洞、风险分析等安全问题有关的文章。

Herzog 还给学生上课；为企业开展网络安全培训；分析智慧城市的安全问题；开发安全产品以及为初创企业提供专业建议。

- **Mike Holland**

Mike Holland 是纽约大学城市科学与进步中心（CUSP）的执行主任，负责行使该职位的全部职权，对主任和中心其他高层领导有建议权，确保日常工作正常开展，充分利用好现有的资源。此外，Holland 还负责领导和指导预算编制和财务规划工作，以及特殊项目和战略规划的管理工作。

Holland 加入 CUSP 时，既有政策研究领域的背景，又做过联邦研究计划的审查工作。他之前曾在美国能源部负责科技工作的副部长办公室担任高级顾问和人事主管，当时的办公室主任是 Steven E. Koonin。

此前，他在白宫管理和预算办公室担任过计划审查员，在白宫科技政策办公室担任过政策分析师，在众议院科学委员会担任过主席特派员以及负责审查能源部科技办公室的相关工作长达 10 年。

Holland 在北卡罗来纳大学教堂山分校获得分析化学博士学位，在北卡罗来纳州立大学获得电气工程和化学学士学位。

- **Kevin Fan Hsu**

Kevin Fan Hsu 是斯坦福大学“人类城市倡议”（Human Cities Initiative）的联合发起人，他也在该校设计学院执教城市问题和国际政策问题。他以前是“华特迪士尼幻想工程”（Walt Disney Imagineering）的城市问题专家，利用可持续基础设施、能源、社区出行和设计以人为本等内容来弥合城市问题研究领域的不足。

他曾参与过北美和亚太地区（包括北京、上海、香港、台北和新加坡市）的多个项目，还是上海市土地学会执行委员会的委员。

除了应对气候变化和推动城市发展外，对于如何利用对环境可持续性的重视加强对遗产的保护并促进文化连续性，他也非常感兴趣。

他在斯坦福大学获得了民用和环境工程、地球系统科学和国际关系等专业的学位，也为《外交政策》(*Foreign Policy*)、《南华早报》(*South China*

Morning Post）和《凯达格兰媒体》（*Ketagalan Media*）撰写过涉及政治和文化问题的文章。

- **Jerry MacArthur Hultin**

Jerry MacArthur Hultin 是全球未来集团（Global Futures Group）董事长并承担具体的领导工作，该集团是一家从事顾问、媒体和金融咨询业务的公司，目标是利用21世纪的技术建设智慧社区，提高全球城市居民的生活质量。他与行业领袖以及年轻人都鼓励创新，建设更智慧也更安全的城市，推动北美和世界各地的经济增长。

Hultin 是一年一度面向全球举办的纽约智慧城市会议（Smart Cities NY）的创始人，是世界经济论坛（达沃斯）和全球竞争理事会联合会的城市创新和基础设施问题顾问，也是马来西亚智慧城市联盟的共同主席。他还是美国国防部国防商业委员会委员，曾撰写过一份有关自动化和人工智能对国防商业流程和国防人力资源影响的重要报告。

作为创新领域的领军人物，Hultin 是以实际行动鼓励发明、推动创新和促进创业的倡导者和设计师。作为纽约理工大学（也称“纽约科技大学”）校长，Hultin 曾在多个实体的成立过程中做了大量工作，如布鲁克林技术三角区（Brooklyn Technology Triangle）、瓦里克街孵化器（Varick Street Incubator）、纽约大学网络安全中心、纽约大学城市科学与进步中心、纽约城市媒体实验室、纽约种子基金（公私合办的天使基金）以及纽约大学的全球校园网络（包括阿布扎比和上海新校区）。纽约理工大学与纽约大学的成功合并也是由他主导的，他还在 2000—2005 年担任史蒂文斯理工学院技术管理系主任。

1997—2000 年，Hultin 在克林顿政府担任海军部副部长，负责创新和转型。他在海军陆战队内联网（NMCI）的建设过程中发挥了关键作用，大大提高了海军部所属通信和计算系统的可靠性，节省了 10 亿美元以上的年度成本。1994—1997 年，他是房地美集团的董事会成员。Hultin 毕业于耶鲁大学法学院和俄亥俄州立大学。

- **Jon P. Jennings**

Jon P. Jennings 是缅因州波特兰市的现任市执行长，他的任命在 2015 年 6 月 15 日获得市议会通过，2015 年 7 月 13 日正式就职，此前他曾担任南波特兰的助理市执行长。在波特兰任职期间，他一直致力于将市政府的规模控制在合适的范围内，以便城市能够更加注重自身的核心服务。为使城市运营更经济高效，客户服务更优质完善，他一直在探索和尝试利用创新手段改进城市居民服务。他的目标是从结构上对城市做出改变，让城市在未来拥有必要的、更具前瞻性的项目。

在搬到缅因州之前，Jennings 曾在美国参议院为时任参议员的 John Kerry 工作过，并在华盛顿特区担任过多个高级职务。1999 年 4 月 ~ 2000 年 6 月，他在司法部任代理助理总检察长和负责立法事务办公室的第一副总检察长；1998—1999 年在白宫担任内阁秘书兼政策协调主任的高级助理；1997—1998 年在白宫内阁事务办公室担任研究员。

在白宫工作期间，Jennings 曾担任过联络员，从事过社会保障改革工作，还担任过白宫与其他内阁机构及第一夫人办公室之间的联络员。

来华盛顿特区之前，他曾在波士顿凯尔特人队担任过 11 年的教练和管理职位，也曾在多家慈善组织的理事会任职（包括缅因州波特兰独立日慈善医院），还在波特兰市无家可归问题工作组工作过。他就读于印第安纳大学（布鲁明顿）和哈佛大学，并获得了公共管理硕士学位。

- **Ariel Kennan**

Ariel Kennan 在人行道实验室（Sidewalk Labs）负责市政创新工作。她利用自己在跨学科设计和技术方面的经验，与社区、企业和政府开展合作，帮助他们设计服务流程、制定应对策略、研发数字产品、提高工作能力。

在加入“人行道实验室”之前，Kennan 曾在纽约市长经济机遇办公室（New York City Mayor's Office for Economic Opportunity）担任过设计和产品总监。她在这个职位上负责一篮子数字产品的设计和研发，还牵头成立了“市政规划设计室”——美国第一个致力于为低收入居民提供尽可能有效和便利的公共服务的市政机构。在政府工作期间，她深受“美国代码”（Code for America）和“城市教育中心”（Center for Urban Pedagogy）两个项目的启发，意识到了设计在公共领域能够发挥的潜力。

Kennan 最初做的是环境设计和构建工作，既做过沉浸式媒体的设计，又做过大型建筑的构建。她拥有帕森斯设计学院的综合设计学士学位。

- **Matthew Klein**

Matthew Klein 是纽约市长经济机遇办公室的执行主任，也是城市运营办公室的高级顾问。经济机遇办公室利用证据和创新来减少贫困并增加公平，在计划制定、政策研究和预算决策工作中广泛运用研究、数据和规划等领域的工具。

Klein 此前曾担任纽约蓝岭基金会（Blue Ridge Foundation New York）的执行理事，该基金会是美国首批由知名社会组织成立的孵化器之一。在蓝岭基金会工作期间，他帮助创立了 30 家新的社会企业，它们协同发展，每年为几十万客户提供服务，总预算超过了 2.5 亿美元。

Klein 毕业于耶鲁大学法学院、耶鲁文理学院和波士顿公立学校。他还是纽约大学斯特恩商学院的客座教授，负责执教社会风险投资和非营利组织管理课程。

- **Martin Kõiva**

Martin Kõiva 是 Qualitista.com 的联合创始人兼首席执行官，Qualitista 是一款软件工具，能使客服团队内部的互相反馈更轻松，从而提高客服质量。

在获得塔尔图大学（爱沙尼亚）新闻和公共关系学士学位后，Kõiva 从事的是公共关系、市场营销、综合管理和客服管理方面的工作。

他最近在 Pipedrive 工作了 4 年，Pipedrive 是一家为全球销售人员提供 CRM 客户管理软件的软件开发商。他在 Pipedrive 建立了一支由 50 多位客户支持专家组成的团队，他们在 4 个地方用两种语言为全球 70000 家公司服务。他还在葡萄牙里斯本花了 6 个月时间，帮助 Pipedrive 当地的办事处成功开业。

他撰写的文章多次出现在 Help Scout 的客服博客上。

- **Alan Leidner**

Alan Leidner 是纽约市立基金地理空间创新中心的主任，拥有布鲁克林普拉特学院的城市规划硕士学位，并在纽约市政府担任规划师和执行长长达 35 年。

他从 20 世纪 80 年代末开始担任纽约市环境保护局信息技术主任，负责纽约市企业级地理信息系统项目的启动工作并管理数字城市街道的开发工作。

Leidner 随后在信息技术和电信局担任助理局长一职，负责城市地理信息系统的推行工作。2001 年秋，他组织成立了紧急制图与数据中心并担任领导职务，为 911 的应急救援人员提供信息和制图服务。

2004 年，他从市政府退休后，成为博思艾伦咨询公司（Booz Allen Hamilton）的顾问，还在“国土基础设施基础级数据计划”（HIFLD）地区工作组中担任东北地区信息交流经纪人一职。

2012 年，在利用地理信息系统应对飓风“桑迪”一事中，Leidner 发挥了积极的协调作用。他于 2012—2014 年担任纽约州地理信息系统协会主席，目前是纽约市地理空间信息系统暨制图组织（NYC GISMO）的主席，以及纽约地理空间催化者联盟（New York Geospatial Catalysts）的创始人兼主任。

Leidner 于 2017 年被任命为纽约市立基金地理空间创新中心主任，任上一直与开放地理空间信息联盟（Open Geospatial Consortium）合作开展针对地下基础设施的数据互操作性项目。

Leidner 曾荣获 2001 年斯隆公共服务奖和 2002 年 ESRI 总统奖，2004 年 1 月还获得了国家地理空间情报局局长颁发的荣誉证书。他撰写的文章《地理信息领域的行动概念》（*Geo-Info CONOPS*）于 2007 年 10 月刊登在《地理世界杂志》（*GeoWorld Magazine*）上。

- **I-Ping Li**

I-Ping Li 在德勤咨询公司负责创新和技术推广工作，有时也会参与技术策略和交付执行方面的工作。他擅长在组织内部通过广泛采用革命性技术帮助全球客户应对变化，并在其间发挥顾问甚至主导作用。

他是工业互联网联盟（IIC）零售业工作组联合主席，拥有卡内基梅隆大学的信息和决策系统学学位。

- **Josh Lieberman**

Josh Lieberman 是哈佛大学地理分析中心的高级研究员，负责美国国家地图（US National Map）课题的水文知识和语义应用，该课题是新成立的时空创新中心（Spatiotemporal Innovation Center）的组成部分。他还担任开放地理空间联盟的架构协调员和倡议管理员，同时也是马里兰大学巴尔的摩郡分校的讲师。

Lieberman 拥有华盛顿大学的博士学位、俄勒冈大学的硕士学位和达特茅斯学院的学士学位，在地球和环境科学以及地理空间建模领域有多年的经验。

- **Amen Ra Mashariki**

Amen Ra Mashariki 在 ESRI（美国环境系统研究所）负责城市问题的分析工作，任务是研究如何将数据科学的原理用于解决各类城市病，确保数据在决策过程中发挥驱动作用，从而为政策的制定和城市的运营带来富有成效的帮助。此前，Mashariki 曾担任纽约市的首席分析师和数据分析办公室（直接对市长负责）的主任，还管理过公民情报中心（该中心负责汇总和分析来自全市各机构的数据）。

Mashariki 在政界、企业界和学术界都很有话语权，对在大型、复杂的数据管理工作中如何运用大数据处理和分析方法有着丰富的经验。他的职业生涯初期是在摩托罗拉担任软件工程师并从事无线数据传输项目，曾领导一组用户界面开发人员为手持设备构建安全功能组件。

Mashariki 之前曾在约翰 · 霍普金斯应用物理实验室担任计算机科学家和研究员，负责领导一支在生物信息学领域研究数据挖掘和数据融合的团队。而在此之前，他曾担任芝加哥大学综合癌症研究中心助理主任（负责信息科学），还在中国的香港科技大学执教计算机科学，在西北大学执教机器人技术。

Mashariki 目前是哈佛民主治理与创新中心（Harvard Ash Center for Democratic Governance and Innovation）的研究员，也曾担任美国人事管理局（US Office of Personnel Management）的首席技术官。

Mashariki 拥有摩根州立大学的工程博士学位、霍华德大学的计算机科学硕士学位和林肯大学的计算机科学学士学位。他是布鲁克林本地人，曾就读布鲁克林科技高级中学。

- **Dale W. Meyerrose**

Dale W. Meyerrose 是美国空军退役少将，也是一名国际技术和网络安全领域的战略家。作为 MeyerRose 集团的总裁，他在战略、数字化转型、远程医疗技术、网络安全和行政领导等领域一直是企业界、政界和学术界的座上宾。

Meyerrose 是 RIDGE-LANE 有限合伙银行（RIDGE-LANE Limited Partners）的合伙人，这家银行是著名的银行家 R. Brad Lane 和宾夕法尼亚州前州长、国土安全部首任部长 Thomas J. Ridge 共同创立的商业银行。他也是 Imcon 国际公司的董事会主席。

Meyerrose 博士是卡耐基梅隆大学的客座教授，负责网络安全领导力认证课程，在美国，这样的课程为数不多。他也是美国空军的客座教授，并在美国空军学院猎鹰基金会担任理事和司库。

Meyerrose 博士是美国情报体系自 2005 年重组以来的首任由总统提名、参院批准的首席信息官。在此之前，Meyerrose 博士在美国空军 30 多年的服役履历堪称华丽，他的创新意识、能力水平和履职尽责铸就了他的辉煌事业，使他成为一名举足轻重的人。他担任的是美军七大司令部的首席信息官。

无论是抗击针对政府网络的早期网络攻击，成立早期网络安全响应中心，还是在“9·11 恐怖袭击事件”之后为整个国家重组新的国土防御架构，Meyerrose 博士都发挥了重要的领导作用。

除了耀眼的军队履历，Meyerrose 博士还赢得了众多专业奖项，包括“国际武装部队通信和电子协会年度人物”“十大首席信息官”以及因为在公共领导力方面表现优异获得的“创新者公共服务奖”，此外还有《联邦计算机周刊》(*Federal Computer Weekly*) 颁发的“联邦 100 位杰出人士奖”。《政府电脑新闻》(*Government Computer News*) 也认可他在政府信息技术领域做出的突出成就。

Meyerrose 博士毕业于美国空军学院并获得经济学学士学位，他还拥有犹他大学的工商管理硕士学位。他在雪城大学获得信息管理专业博士学位，研究主要侧重于在远程医疗当中引入新技术。他毕业于国家战争学院，并在国防大学（华盛顿特区）、空军大学（在阿拉巴马州马克斯韦尔空军基地）、哈佛大学肯尼迪政府学院、加州大学伯克利分校哈斯商学院以及弗吉尼亚大学达顿商学院参加过各种高级管理课程的深造。

- **Chris Moschovitis**

Chris Moschovitis 出生在希腊雅典，1979 年移居美国并在美国学习物理、

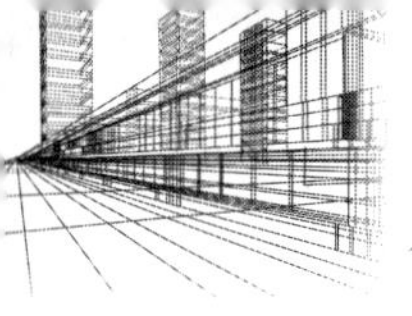

计算机科学和数学，1983年获得布罗克波特学院的理学学士学位。他在罗切斯特大学和纽约大学主修技术、管理和教育方面的高级课程。

1985年移居纽约后，Moschovitis被任命为普拉特学院信息化部主任，1987年被奥康纳集团聘为信息技术副总裁。

1989年，他创办了自己的公司——信息技术管理集团（Information Technology Management Group），业务重点是为客户提供独立的技术管理专业知识和外包服务。他的公司在2004年投资emedia成立了tmg-emedia，进一步扩大了互联网相关业务。emedia是一家屡获殊荣且享誉国际的互动软件开发公司。

Moschovitis是备受好评的《互联网历史：从1843年到现在》（*History of the Internet: A Chronology, 1843 to the Present*）、《计算机百科与计算机历史》（*Encyclopedia of Computers and Computer History*）和《新媒体百科全书》（*Encyclopedia of New Media*）的合著者。

Moschovitis是网络安全（CSX网络安全认证和注册信息安全员）及信息技术管理（企业信息技术管理认证）领域的认证专家，也是国际信息系统审计协会（ISACA）、美国信息系统安全协会（ISSA）、电气和电子工程师协会（IEEE）和美国管理协会（AMA）的活跃会员。除担任tmg-emedia的董事长兼首席执行官外，Moschovitis还亲自带领网络安全和管理团队，为全球企业提供网络安全意识培训和咨询服务。

同时他也是一位积极的演说者和作家，经常在各种主题的研讨会上发言，包括网络安全、管理、数字化转型和互动策略、业务转型以及信息技术战略和实践。

他出版了著作《企业网络安全计划发展：基本规划指南》（*Cybersecurity Program Development for Business: The Essential Planning Guide*）（Wiley出版社，2018）。

- **Thomas Müller**

Thomas Müller 是“蜂联智慧城市”的创始人和合伙人。在创立“蜂联智慧城市”之前，Müller 在州、地区和地方三级政府的经济发展机构工作过 15 年。2016 年，他代表的鲁尔河畔米尔海姆市（德国）被智慧社区论坛（Intelligent Community Forum）评为年度七大智慧社区之一。

凭借对公共部门的深入了解，Müller 很早就认识到智慧城市的发展需要用以人为本的整体方法来推动。在政府机关多年的工作经历中，他开发并实施了多个智慧城市项目作为推动创新和协作的催化剂。

Müller 拥有亚琛工业大学经济地理学硕士学位，并在埃森经济与管理应用科学大学获得国际战略和销售管理 MBA 学位。

他精通德语和英语。

- **Emma Mulqueeny**

Emma Mulqueeny 是“联机国度”（Rewired State）和“青年再联机国度”（Young Rewired State）的创始人，同时也是谷歌公司的研究员。她目前正与英国法院和法庭合作开展数字化转型计划，还担任阿什里奇行政商学院的客座教习。

为表彰她在技术和教育领域做出的突出贡献，在伊丽莎白女王 90 周岁诞辰颁布的“大英帝国勋章”获得者名单中，Mulqueeny 的名字赫然在列。同期的“世界名人录”（Who’s Who）年度名单中也有她的名字。她也曾入选“联机 100”（Wired 100）、“科技城 100”（Tech City 100）和 BIMA Hot 100 榜单。此外她还是《Salt 杂志》（*Salt Magazine*）评选的“英国最富有同情心的 100 名商业领袖”之一，《卫报》（*The Guardian*）评选的“技术领域十大杰出女性”之一，以及《信息周刊》（*Information Week*）评选的“信息技术领域最有影响力的五位女性”之一。她还被英国国家科技艺术基金会评为“十佳科技英雄”，被《计算机周刊》（*Computer Weekly*）评为“信息技术领域最有影响力的25位女性”，以及2014年被STEM评为“最不可思议的50位女性”。

Mulqueeny定期为英国媒体和自己的博客写文章，在电台和电视上也有专题节目。但真正让她名闻遐迩的还是她发起的“8岁已经晚了”（Year 8 Is Too Late）活动（鼓励女孩们广泛接触技术），以及她对社交数字一代的独特见解。

- **Joseph Okpaku**

Joseph Okpaku是来福车公司负责政府关系的副总裁。他手下有一支30多人组成的团队，他们用不到4年的时间在全国范围推动建立和实施了拼车行业的立法和监管框架，包括40多个州和很多个城市的立法。来福车公司的政府关系团队也是推动自动驾驶汽车产业政策落地的领导者，它的关注重点是拼车在自动驾驶技术的测试、部署和普及过程中必将发挥的关键作用。

Okpaku已经在参议院商业、科学和交通委员会，众议院能源和商务委员会数字商务和消费者保护小组委员会的听证会面前证实，拼车在即将来临的自动驾驶革命中将扮演重要角色。

在加入来福车政府关系团队之前，Okpaku曾担任加利福尼亚州圣何塞市议员Ash Kalra的参谋长，在此期间他的职责是为所有的政策问题提出建议，包括制定和实施了首项限制发薪日贷款业务增长的土地使用条例，以及一项禁止在户外用餐区吸烟的条例。他还负责就政治策略问题提出建议，监督媒体的传播，以及协调有关部门对选民关心的问题做出适当的回应。

Okpaku是纽约本地人，在纽约证券交易所监管部门的执法队工作了6年，曾调查过一些上市公司的大规模违规交易行为。他也在曼哈顿地区检察官办公室担任了四年多的助理检察官，专门负责家庭暴力犯罪问题，时任检察官是Robert Morgenthau。

- **Jake Porway**

Jake Porway 是 DataKind 的创始人兼执行主任，DataKind 是一个全球性的非营利组织，致力于把极具影响力的组织与顶尖的数据科学家聚集在一起，利用数据科学为人类服务。

Porway 是机器学习和技术的狂热爱好者，在数据问题上喜欢往好的一面看，他创立 DataKind 是希望能创造一个所有社会组织都能利用数据更好地为人类服务的世界。他最近在《纽约时报》（*New York Times*）研发实验室担任数据科学家，自始至终都是数据科学界的积极分子。

他拥有哥伦比亚大学的计算机科学学士学位和加州大学洛杉矶分校的统计学硕士和博士学位。

- **Vijay Raja**

Vijay Raja 在云纪元公司主管物联网解决方案的营销工作，负责围绕物联网推出创新解决方案和具体用例，同时也负责与云纪元在全球的大客户和合作伙伴共同推广和传播物联网产品和服务。

Raja 在信息技术领域拥有超过 15 年的营销、售前和业务开发工作经验。加入云纪元之前他曾在 Amdocs 公司工作了 10 年，负责为通信服务巨头提供市场解决方案和服务方面的工作。

他拥有鲁尔克拉国立技术学院（印度）的工程学士学位和俄亥俄州立大学费舍尔商学院的工商管理硕士学位。

- **Jennifer Robinson**

Jennifer Robinson 在 SAS 公司负责地方政府解决方案方面的工作，主要任务是帮助城市利用分析工具把数据转换成信息，从而提高决策水平，改进工作效率，更有效地开展针对市民的服务。

Robinson 的关注点集中在两方面：一是先进的软件解决方案；二是完善的地方政务水平。她在 SAS 的工作正好可以满足这两点。在自己的职业

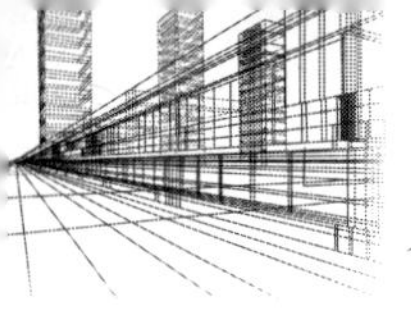

生涯中，她曾经历过软件开发生命周期每一个阶段的工作，也曾承担过政企数据库整合的规划和支持任务。

自 1999 年以来，她一直担任北卡罗来纳州卡里市的议员，还担任着三角区政府委员会（Triangle J Council of Governments）主席和北卡罗来纳州市级政府联盟的理事会成员。

Robinson 目前是全国地区委员会协会（National Association of Regional Councils）和一些非营利组织的成员，还在该地区的交通发展机构 GoTriangle 担任主席之职。

- **Jennifer Sanders**

Jennifer Sanders 是达拉斯创新联盟（DIA）的联合创始人兼执行主任，该联盟是一家致力于规划和执行达拉斯智慧城市规划的一家非营利公私合作机构。她把自己具备的跨行业专业知识带进了包括能源、技术、经济发展和财务的角色中。按照达拉斯创新联盟为达拉斯制定的目标，这座城市不仅要为未来做好准备，还要在塑造未来的过程中发挥作用，同时也要为市民自身的发展创造机会。

在达拉斯创新联盟工作期间，她理清了一个由 30 个成员组织构成的庞大网络。她与达拉斯市和达拉斯县的 20 多个部门合作完成了统一的智慧城市战略，第一阶段的任务在达拉斯市中心西区的智慧城市生活实验室实施。生活实验室合并 8 个智慧城市项目精心打造了一个实验平台，吸引了很多创业公司、创业家和大学研究人员来开发和测试更多的产品和解决方案。实验室于 2017 年 3 月正式投用。

Sanders 参加过达拉斯很多个民间组织，她在市长手下担任星级委员会主席，也是北得克萨斯州自杀和危机处理中心理事会成员、达拉斯企业家中心全权代表以及达拉斯零售和生活领域的一家初创机构“Edition Collective”的顾问。

Sanders 曾被《达拉斯商业杂志》(*Dallas Business Journal*)列入“40 位 40 岁以下领袖”和“科技界最杰出女性”榜单，也曾入选“达拉斯最有影响力的 500 名商业领袖”和“科技周 100 人”。Sanders 毕业于弗吉尼亚大学并获得心理学学士学位，同时辅修经济学。

- **Eytan Schwartz**

Eytan Schwartz 是“特拉维夫全球倡议”的首席执行官，倡议的目标是推动特拉维夫成为国际创新中心，因为特拉维夫目前不仅是全球创业公司和技术加速器最集聚的城市，也是游客、会议和国际学生的首选城市目的地。

《单片眼镜》(*Monocle*)杂志称他是市政府官员“梦之队”成员之一。Schwartz 与妻子和三个孩子一起居住在特拉维夫，拥有哥伦比亚大学人类学学士学位和特拉维夫大学中东问题硕士学位。

- **Leah Shahum**

Leah Shahum 是“零事故愿景网”的创始人兼主任，在全国范围内号召各城市朝着“零事故愿景”(零死亡、零重伤)的目标努力。这个机构的工作任务是协助各个社区探索能让所有道路行人安全出行的最佳示例。

Leah Shahum 是德国马歇尔基金会的会员，研究过瑞典、德国和荷兰的“零事故愿景”策略。在此之前，她是拥有 10000 名会员的旧金山自行车联盟(倡导骑行作为日常出行手段)的执行理事。她也曾在金门大桥、公路运输特区以及旧金山市交通管理局的理事会担任过职务。

- **Zohar Sharon**

Zohar Sharon 是特拉维夫——雅法市政府的首席知识官，拥有特拉维夫大学公共管理硕士学位和社会工作学士学位。他以前曾在市政府担任社会服务市政规划和信息处主任，后来成为市政府的首席知识官，这个职位在全球还是首例。

Sharon 多次获得国家知识管理奖，作为首席知识官，他要承担特拉维

夫－雅法市的所有知识管理工作，要管理市政府网站，还要负责市政府的数字化转型。他还是以色列的国家计划“数字以色列”的领导者之一，所以协助以色列其他城市开展数字化转型也是他的任务。

他创建的“DigiTel 居民俱乐部”帮助特拉维夫在巴塞罗那全球智慧城市大会上获得了 2014 年“世界最智慧城市奖”。DigiTel 是特拉维夫的综合信息平台，通过加强城市与居民之间的直接联系来扩大公民（对政务的）参与度。

DigiTel 还促成了城市政府的深度转型——利用信息化技术可以更容易地获得市政服务。

Sharon 是一位很受欢迎的演说家，常常在世界各地举办讲座，帮助各城市扩大公民参与，以实际行动推动智慧城市计划的落实。

- **Dave Shuman**

Dave Shuman 是云纪元公司物联网和制造业务的行业领袖。他与全球的客户密切合作，帮助他们部署先进的物联网技术、成功结束物联网之旅，还帮助他们利用大数据产生价值。

Shuman 在大数据分析、商业智能应用程序、数据库架构、逻辑和物理数据库设计以及数据仓库领域拥有深厚的背景。

他拥有厄勒姆学院的学士学位和天普大学的工商管理和信息系统硕士学位。

- **Kirk T. Steudle**

Kirk T. Steudle 现任密歇根州交通局局长，他从注册专业工程师一直提升到现在的位置。Rick Snyder 州长于 2011 年 1 月 1 日任命 Steudle 为局长。2006—2010 年，他已经担任交通局局长这一职位了。

Steudle 负责管理该局 47 亿美元的年度预算，以及近 10000 英里（1 英里≈ 1.609 千米）的州际公路和 4000 多座公路桥梁的建设、维护和运营。

除此之外，全州的跨模式联运项目也归他管。目前，该局拥有 2500 名工作人员。

Steudle 自 2004 年一直在美国运输研究委员会（TRB）执行委员会任职，2014 年还担任了主席一职。他还是该委员会战略公路研究计划（SHRP 2）监督委员会主席。2011—2012 年，他曾担任美国国家公路和交通运输协会标准（AASHTO）的主席，而且自 2006 年以来一直是该协会的理事会成员。

Steudle 在促进车联网技术的发展过程中发挥了积极的主导作用，这项技术使车辆具备与道路设施和其他车辆通信的能力，从而提高了安全性和出行效率。他始终与政府和汽车制造商保持合作关系，以进一步提高高科技公路的运营水平并推动密歇根州的经济发展。

Steudle 是美国智能交通学会（ITSA）2014—2015 届理事会主席、美国智能运输系统（ITS）计划咨询委员会成员以及美国最大的工程学会——底特律工程学会的理事会成员。

此外，他还是密歇根出行转型中心（MTC）外部顾问委员会（EAB）主席、劳伦斯理工大学（LTU）工程学院顾问委员会委员和密歇根交通改善协会（TIA）理事。

2015 年，Steudle 被《政府技术》（*Government Technology*）杂志评为“美国最有影响力的 25 位政界创新人士”之一。他于 2013 年获得了美国密歇根州工程公司理事会（ACEC）颁发的菲利克斯 · 安德森影像奖，是 2012 年入选劳伦斯理工大学工程系校友名人堂的九位校友之一。2011 年，Steudle 曾获得“道班”（Road Gang）组织颁发的 P. D. McLean 奖，以表彰他在公路运输领域做出的突出成就。2010 年，他获得了美国国家公路和运输协会颁发的托马斯 · 麦克唐纳大奖，表彰他在公路工程领域为国家做出的长期服务和杰出贡献。

Steudle 毕业于阿德里安高中和劳伦斯理工大学，拥有建筑工程学士学

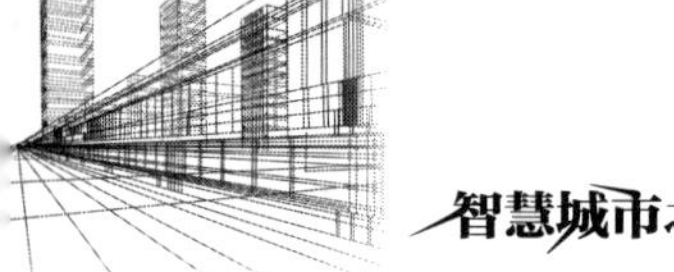

位。1995—1999 年，他还在埃塞克斯维尔市议会任职。

- **Linnar Viik**

Linnar Viik 是爱沙尼亚电子政务学院的联合创始人，也是负责爱沙尼亚电子政务计划的主任。

业内公认 Viik 是一位具有远见卓识的信息技术专家，他也一直在通信信息技术及创新政策领域为爱沙尼亚和其他一些国家的政府担任顾问。Viik 在爱沙尼亚计算机和网络基础设施的快速发展过程中发挥了重要作用，也是爱沙尼亚互联网投票和电子签名工程的主导者，曾在塔尔图大学执教创新管理科学。

Viik 曾任多家移动通信、宽带服务和软件公司的高管，包括 Skype 和 Fortumo，也是北欧投资银行（Nordic Investment Bank）的顾问和欧洲创新与技术研究所（European Institute for Innovation and Technology）的理事会成员，他还是 Mobi Solutions 和 Pocopay 的联合创始人兼董事会成员，主管移动业务和软件开发。Viik 擅长英语、芬兰语和俄语。

- **James von Klemperer**

James von Klemperer 是 KPF 建筑师事务所总裁兼首席设计师，而且早在 1983 年就加入了 KPF。从房子到城市，从提出构想到完成，一切都凝聚着他的心血。除了自己手上的项目，他还负责带领事务所的设计师团队，带领他们共同探索建筑领域的课题和目标，而作为公司总裁，事务所在世界各地的 6 个办事机构的 550 位雇员都归他管。

Klemperer 的工作重点是在提升城市空间的过程中充分加强大型建筑的作用，他在亚洲的几个大型项目中充分贯彻了这一理念，包括深圳华润总部、上海恒隆广场、上海静安嘉里中心、北京华贸中心和首尔乐天世界大厦（123 层）。在纽约，他设计的 One Vanderbilt 大厦将市中心区最高的大楼直接与中央火车站连接起来。这些项目个个都在建筑用地和公共空间之间形成了强大的共生关系。更大规模的案例也有，他负责设计的新松岛市建设方案充分体现了他在城市规划领域的能力水平。

Von Klemperer 的设计被业内公认为“功能高效、风格前卫”。他设计的华盛顿特区彼得森国际经济研究所、首尔东部金融中心、洛杉矶第五公园住宅项目以及天津恒隆广场都获得了美国建筑师协会（AIA）颁发的设计大奖。

位于伦敦九榆树区一号的万达酒店和住宅楼也是 Klemperer 负责设计的。他在欧洲大陆也很活跃，他正在为巴黎司法部设计一幢位于米勒公园（Parc du Millénaire）的大楼，也正在里昂设计帕尔迪约车站片区的系列建筑物。

Von Klemperer 曾在哈佛大学、哥伦比亚大学、清华大学、同济大学、首尔大学和延世大学、欧洲研究协会（巴黎）、AMO 里昂分会以及耶鲁大学以萨里宁客座教授的身份讲过学，也在中国香港举办的第四届诺贝尔奖获得者全球可持续发展研讨会上发表过演讲。

从安多弗菲利普斯学院毕业后，Klemperer 于 1979 年获得哈佛大学历史和文学学士学位（优等生）。1980 年成为剑桥大学三一学院的查尔斯 · 亨利 · 费斯克研究员。1983 年在普林斯顿大学获得建筑学硕士学位。他是摩天大楼博物馆（Skyscraper Museum）、临街屋艺术与建筑事务所（Storefront for Art and Architecture）以及城市设计论坛（Urban Design Forum）的理事会成员。他也是巴德学院的理事。